New Skills for Road EIA Based on 3S Technology
基于3S应用的公路环境影响评价新技术

胡健波 林 宇 吴世红 著

人民交通出版社股份有限公司
China Communications Press Co.,Ltd.

内 容 提 要

本书介绍了基于3S应用的公路建设项目环境现状调查、环境影响评价及其成果展示的公路环评新技术，是在长期从事公路环评及环保研究工作的大量实践经验基础上，经过分析提炼、总结编写而成。本书内容包括地理信息技术、遥感技术、导航定位技术、激光测量技术、全景摄影技术、影像定位展示技术等。

本书编写注重理论与实践的结合，借助大量的公路环评实例，凸显了基于3S应用的公路环评新技术的实用性与创新性，以期作为公路建设项目环境影响评价从业人员的技术手册，同样对其他生态影响类建设项目环评具有较好的借鉴作用，也可作为公路环保科研人员的参考书籍。

图书在版编目(CIP)数据

基于3S应用的公路环境影响评价新技术／胡健波，林宇，吴世红著.—北京：人民交通出版社股份有限公司，2015.12

ISBN 978-7-114-12697-0

Ⅰ.①基… Ⅱ.①胡… ②林… ③吴… Ⅲ.①高速公路—环境影响—评价—研究—中国 Ⅳ.①U412.36 ②X820.3

中国版本图书馆CIP数据核字(2015)第312531号

书　　名：	基于3S应用的公路环境影响评价新技术
著 作 者：	胡健波　林　宇　吴世红
责任编辑：	刘永芬
出版发行：	人民交通出版社股份有限公司
地　　址：	(100011)北京市朝阳区安定门外外馆斜街3号
网　　址：	http://www.ccpress.com.cn
销售电话：	(010)59757973
总 经 销：	人民交通出版社股份有限公司发行部
经　　销：	各地新华书店
印　　刷：	北京盛通印刷股份有限公司
开　　本：	787×1092　1/16
印　　张：	10.75
字　　数：	249千
版　　次：	2015年12月　第1版
印　　次：	2015年12月　第1次印刷
书　　号：	ISBN 978-7-114-12697-0
定　　价：	60.00元

(有印刷、装订质量问题的图书由本公司负责调换)

编委会

主　编：胡健波　林　宇　吴世红
编　委：戴明新　刘长兵　葛丽燕　李广涛　王志明
　　　　黄　伟　韩　健　杨　莹　许　刚　李东昌
　　　　李皑菁　王志勇　陈会东　熊红霞　余　乐
　　　　侯　瑞　崔凯杰

前　言

公路作为一种大型的线形交通基础设施,建设内容多、路线长、涉及范围广,存在"局部影响范围窄,整体影响范围长"的环境影响特点。公路沿线的环境保护目标往往数量多、分布广、类型杂,公路建设产生的环境影响与公路线形以及环境保护目标的空间位置密切相关,如交通噪声的距离衰减规律,公路设计线位与自然保护区的穿越和邻近关系等。因此,为了更准确地开展公路环境影响评价工作,环评从业人员应当具备一定的地理空间信息的获取、分析和表达的能力。

3S技术是遥感(RS)、地理信息系统(GIS)及全球定位系统(GPS)技术的总称,即RS的大面积获取地表信息能力,GIS的空间查询、管理和分析能力,GPS的快速定位能力,这三种空间相关的高新技术系统,可满足快速高效的空间信息定位、提取和分析的需要。3S技术已经广泛地用于军事、国土、农业、交通、环保等诸多领域,对社会的高效发展和数据管理作出了极其重要的贡献。

公路环境影响评价从业人员往往来自环境、生态、水土保持等环境科学相关专业,对于源自测绘学的3S技术的掌握并不专业,大多仅仅熟悉利用手持GPS对环境敏感点进行定位的功能。随着3S技术日新月异的发展,各种相关先进设备和软件的涌现,3S技术在不断大众化,其应用门槛也在不断降低。例如,几乎为所有环评从业人员所熟悉的Google Earth,就是一款简单易用的3S技术集成平台软件,为环境现状调查和评价结果演示汇报带来了极大的便利。

本书是在百余项公路环境影响评价项目中长期使用3S技术的实践经验基础上,逐步凝练、总结编写而成。通过一个个的公路环境影响评价案例,展示了3S技术在公路沿线环境现状调查、环境影响评价和成果展示等方面的应用价值和方法,期望能够对公路及其他大形线型工程环境影响评价从业人员有所帮助和借鉴。本书编写注重理论、技术和实践的结合。在此感谢交通运输部天津水运工程科学研究所环境保护技术研究中心的环评工程师们,是你们在一个个公路环境影响评价项目中的辛勤工作,才得以有丰富的3S技术应用机会,这是本书的根本基础。同时,在本书的组稿出版过程中,感谢人民交通出版社的编辑们为本书的最终出版付出的劳动。

目　　录

第一篇　地理信息技术 …………………………………………………（1）

第一章　概述 ……………………………………………………………（1）
- 第一节　地理信息技术（GIS）基本原理 …………………………（1）
- 第二节　GIS 功能 …………………………………………………（5）

第二章　GIS 在公路环评中的应用 ……………………………………（10）
- 第一节　公路线位与环境图件叠置 ………………………………（10）
- 第二节　公路环境影响分析与统计 ………………………………（17）
- 第三节　其他应用 …………………………………………………（24）

本篇参考文献 ……………………………………………………………（28）

第二篇　遥感技术 …………………………………………………………（30）

第一章　概述 ……………………………………………………………（30）
- 第一节　遥感技术（RS）基本原理 ………………………………（30）
- 第二节　多光谱遥感技术 …………………………………………（34）
- 第三节　遥感影像预处理与解译 …………………………………（40）

第二章　公路沿线植被类型遥感调查 …………………………………（47）
- 第一节　植被类型遥感调查流程 …………………………………（47）
- 第二节　植被组成单一地区 ………………………………………（48）
- 第三节　植被组成复杂地区 ………………………………………（56）

第三章　公路沿线土地利用遥感调查 …………………………………（59）
- 第一节　土地利用遥感调查流程 …………………………………（59）
- 第二节　经济发达地区的典型案例 ………………………………（64）

本篇参考文献 ……………………………………………………………（66）

第三篇　导航定位技术 ……………………………………………………（68）

第一章　概述 ……………………………………………………………（68）
- 第一节　GPS 的发展历史和现状 …………………………………（68）
- 第二节　GPS 定位基本原理 ………………………………………（69）

第二章　GPS 导航定位技术在公路环评现场踏勘中的应用 …………（72）
- 第一节　常用的 GPS 设备 ………………………………………（72）
- 第二节　环评现场调查 GPS 导航定位方法 ……………………（73）
- 第三节　调查路线导航应用 ………………………………………（77）
- 第四节　调查目标定位应用 ………………………………………（80）

本篇参考文献 …………………………………………………………………………（84）

第四篇　激光测量技术 ……………………………………………………………（85）

第一章　概述 …………………………………………………………………………（85）
第一节　激光测量基本原理 ……………………………………………………………（85）
第二节　常用的激光测量设备 …………………………………………………………（88）
第三节　激光测量设备及操作 …………………………………………………………（91）

第二章　激光测量技术在公路环境现状调查中的应用 ………………………………（94）
第一节　激光测量技术在林地调查中的应用 …………………………………………（94）
第二节　激光测量技术在河流调查中的应用 …………………………………………（97）
第三节　激光测量技术用于测量噪声敏感点 …………………………………………（98）

本篇参考文献 …………………………………………………………………………（104）

第五篇　全景摄影技术 ……………………………………………………………（106）

第一章　概述 …………………………………………………………………………（106）
第一节　全景图 …………………………………………………………………………（106）
第二节　全景摄影 ………………………………………………………………………（107）
第三节　公路环境影响评价中的全景摄影需求 ………………………………………（113）

第二章　地面全景摄影 ………………………………………………………………（115）
第一节　噪声敏感点 ……………………………………………………………………（115）
第二节　其他敏感点 ……………………………………………………………………（119）

第三章　空中全景摄影 ………………………………………………………………（122）
第一节　旋翼无人机与空中全景摄影 …………………………………………………（122）
第二节　敏感区域 ………………………………………………………………………（125）
第三节　植被类型 ………………………………………………………………………（129）

本篇参考文献 …………………………………………………………………………（135）

第六篇　图片定位展示系统 ………………………………………………………（136）

第一章　概述 …………………………………………………………………………（136）
第一节　图片定位方法 …………………………………………………………………（136）
第二节　图片定位展示系统 ……………………………………………………………（139）

第二章　公路环评应用成果展示 ……………………………………………………（141）
第一节　基于 Google Earth 的现场展示案例 …………………………………………（141）
第二节　基于全景漫游展示系统的现场展示案例 ……………………………………（153）

本篇参考文献 …………………………………………………………………………（165）

第一篇 地理信息技术

第一章 概 述

第一节 地理信息技术(GIS)基本原理

一、地理信息和空间数据

在谈地理信息技术(Geographical Information System,GIS)之前,首先要了解地理信息、空间数据等相关概念。这就涉及数据和信息两个术语。数据是指数字、文字、符号、声音、图像等符号,是对客观现象的表示,数据本身并没有意义。数据的格式往往和具体的承载介质有关,随着承载它的物理设备的形式而改变。信息是现实世界在人们头脑中的反映,它以数据的形式记录,可以进行传递和处理,为人们的生产、建设和管理等提供决策依据。数据是信息的表达载体,信息是数据的内涵,是形和质的关系。数据是未经加工的原始材料,而信息是对数据的解释、运用与计算,数据只有经过解释才有意义,才成为信息[1]。

那么我们把用于表示地表物体和环境固有的数量、质量、分布特征、联系和规律的与空间地理分布有关的信息称作地理信息(也作空间信息),相对应的数据称作地理数据(也称空间数据),它具体描述地理实体的空间特征、属性特征和时间特征。空间特征是指地理实体的空间位置及其相互关系;属性特征表示地理实体的名称、类型和数量等;时间特征指实体随时间而发生的相关变化。根据地理实体的空间图形表示形式,可将空间数据抽象为点、线、面三类元素,它们的数据表达可以采用矢量和栅格两种组织形式,分别称为矢量数据和栅格数据(图1-1-1)。

地理信息的最大特点是位置的识别与其他信息紧密相连。这种定位特征是通过公共的地理基础来实现的,即按照特定地区的经纬网或千米网建立的地理坐标来实现空间位置的识别,并按照特定的区域进行信息的并或分。地理信息具有多维结构的特征,在二维空间的基础上,实现多专题的第三维信息结构,各个专题型或实体型之间的联系是通过属性码进行的,这既对岩石圈—气圈—水圈—生物圈及其内部的相互作用进行综合性的研究提供了可能性,也为地理圈多层次的分析和信息的传递与筛选提供了方便。地理信息的时序性也是非常明显的,这种动态变化的特征一方面要求信息及时获取、定期更新,另一方面要求重视自然历史过程的积累和对未来的预测、预报,以免用到过时的信息造成决策的失误,或者缺乏可靠的动态数据,不能对变化中的地理事件或现象做出合乎机理的预测预报和科学论证。地理信息这种定位、区域性、多层次和动态变化的特征,能够实现对人口、资源和环境的综合分析、管理、规划和决策。

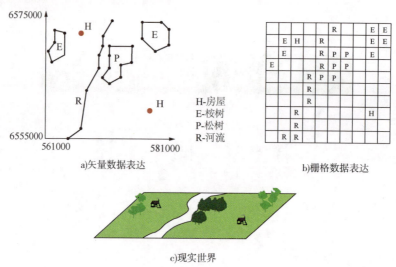

图 1-1-1　空间数据的两种表达形式——矢量和栅格

二、坐标系统

坐标系统是 GIS 对空间数据进行显示、数据组织分析的基础,空间数据中的定位数据脱离了坐标系统将无法找到其在地球上的绝对位置,任何空间数据都需要也必然会注明其所采用的坐标系统。GIS 的坐标系统大致有三种:平面直角坐标系(Rectangular Coordinate system,或者用户自定义坐标系统)、地理坐标系统(Geographic Coordinate System)和投影坐标系统(Projection Coordinate System)。这三者并不是完全独立的,而且各自都有各自的应用特点。平面坐标系统很简单,常常在小范围内不需要投影或坐标变换的情况下使用,即不需要知道它在地球上的绝对位置,如室内设计图。而地理坐标系统和投影坐标系统又是相互联系的,地理坐标系统是投影坐标系统的基础之一。

1. 地理坐标系统

地理坐标系统是使用经纬度来定义球面或椭球面上点的位置的参照系统,是一种球面坐标。最常见的地理坐标系统就是以经纬度来量算的球面坐标系统,由经线和纬线组成,经纬度以地心与地表点之间的夹角来量算的,通常以度分秒来度量。地理坐标系统使用一个三维椭球体来定义地球上的位置,其经常被误认为是一个数据,但是数据仅仅是地理坐标系统的一部分,地理坐标系统包括角度测量单位、本初子午线和数据(数据是基于椭球体)。地理坐标系统参数必须具备椭球体(对地球表面形状的逼近)和基准面(椭球体的位置、方位等)两个基本条件,系统参数才算完整。常用的地理坐标系如我国的北京 54 坐标系、西安 80 坐标系以及世界通用的 WGS84 坐标系(目前 GPS 定位所采用的地理坐标系统)。自 2008年 7 月 1 日起,我国全面启用 2000 国家大地坐标系。

2. 投影坐标体系

在三维的球面上进行测量非常困难,所以地理数据通常都要投影到二维的平面坐标上。投影坐标系统是定义在一个二维平面的坐标系统,在二维平面上有着恒定的长度、角度和面积。在投影坐标系统中,以网格中心为原点,使用 x、y 坐标来定位,每个位置用两个值确定(水平方向和垂直方向)。投影坐标系总是基于地理坐标系统通过地图投影得到的,即按照一定的数学法则,在三维的地球椭球面上的地表点与二维平面之间建立一一对应关系,将经纬网强行摊平成二维平面。我国比例大于或等于1∶500000的地形图采用高斯—克吕格投影,其中大于1∶10000比例尺的地形图采用按经差3°分带,1∶500000~1∶250000比例尺地形图采用经差6°分带(图1-1-2);我国1∶1000000的地图采用正轴等角割圆锥投影(也称阿尔伯斯双标准纬线多圆锥投影)。WGS84坐标系采用UTM投影,全称为"通用横轴墨卡托投影",英文名称为Universal Transverse Mercator,是一种等角横轴割圆柱投影。

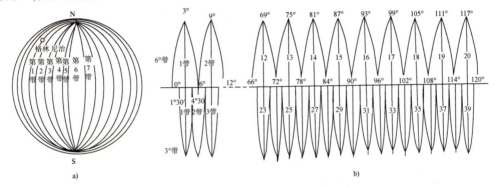

图1-1-2 高斯—克吕格投影与分带

三、GIS的概念

地理信息系统(GIS)是为特定应用目标建立的空间信息系统,是在计算机硬件、软件及网络的支持下,对空间数据进行输入、处理、存储、查询、检索、分析、显示、更新和提供应用的计算机技术系统。20世纪60年代以来,随着电子计算机技术的发展及其广泛应用,在地理学中发展起一种新的工作手段和方法,它是遥感技术、计算机辅助制图技术等在地理学中应用的进一步延伸和发展[1]。

GIS对于不同的部门和不同的应用目的,其定义也不尽相同。为了能更具体地认识和真正了解GIS的概念,本书推荐美国联邦数字地图协调委员会(FIC-CDC)给出的关于GIS的定义和概念框架。他们认为"GIS是由计算机硬件、软件和不同的方法组成的系统,该系统设计支持空间数据的采集、管理、处理、分析、建模和显示,以便解决复杂的规划和管理问题"。根据这个定义,得出GIS的框架和构成,如图1-1-3所示。

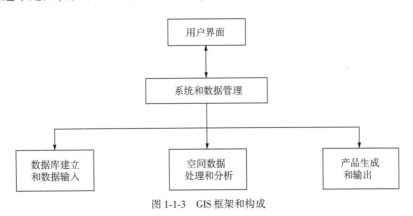

图1-1-3 GIS框架和构成

近年来 GIS 发展迅速,并且随着 GIS 工具型软件的不断成熟,在如地质勘探测量、环境监测、食源环境管理与保护、城市规划设计、城市管网电网布局、灾害监测防治等国民经济各部门各领域都得到广泛的应用,受到人们越来越多的重视。GIS 技术一方面可以有效地管理资源环境信息并对实践模式进行快速和重复的分析测试,科学和准确地进行标准评价,以便于决策;另一方面可以有效地对多个时期的资源环境状况及生产活动变化进行动态监测和分析比较,也可将数据收集、空间分析和决策过程综合为一个共同的信息流,显著提高工作效率和经济效益,为解决资源环境问题及保障可持续发展提供技术支持[2]。

有学者断言:"地理信息系统和信息地理学是地理科学第二次革命的主要工具和手段。如果说 GIS 的兴起和发展是地理科学信息革命的一把钥匙,那么,信息地理学的兴起和发展将是打开地理科学信息革命的一扇大门,必将为地理科学的发展和提高开辟一个崭新的天地。"GIS 被誉为地学的第三代语言——用数字形式来描述空间实体。

四、GIS 的特点[3]

GIS 的物理外壳是计算机化的技术系统,该系统又由若干个相互关联的子系统构成,如数据采集子系统、数据管理子系统、数据处理和分析子系统、可视化表达与输出子系统等。这些子系统的构成直接影响 GIS 的硬件平台、系统功能和效率、数据处理的方式和产品输出的类型。

GIS 的操作对象是空间数据,即以点、线、面方式编码并以(X、Y)坐标串存储管理的离散型空间数据,或者以一系列栅格单元表达的连续型空间数据。空间数据最根本的特点是每一个地理目标都按统一的地理坐标进行编码,实现对其定位、定性、定量和拓扑关系的描述。GIS 以空间数据作为处理和操作的主要对象,这是它区别于其他类型信息系统的根本标志,也是其技术难点之所在。

GIS 的技术优势在于它的混合数据结构和有效的数据集成、独特的地理空间分析能力、快速的空间定位搜索和复杂的查询功能、强大的图形创造和可视化表达手段,以及地理过程的演化模拟和空间决策支持功能等。其中,通过地理空间分析可以产生常规方法难以获得的重要信息,实现在系统支持下的地理过程动态模拟和决策支持,这就是 GIS 的研究核心,也是 GIS 的重要贡献。

GIS 与地理学和测绘学有密切的关系。地理学是专门研究人地相互关系的科学,研究各自然界面的生物、物理、化学过程以及探求人类活动与资源环境间相互协调的规律,这为 GIS 提供了有关空间分析的基本观点与方法,成为 GIS 的基础理论依托。测绘学不但为 GIS 提供各种不同比例尺和精度的定位数据,而且其理论和算法可直接用于空间数据的变换和处理。

GIS 与一般管理信息系统(Management Information System,MIS)的共同点是都是基于数据库的系统,区别是 GIS 对空间数据和非空间数据(属性数据)共同管理、分析和应用,而一般 MIS 侧重于属性数据的优化存储与查询,即便存储了图形也是以独立的文件形式存储,不能对空间数据进行查询、检索、分析,没有拓扑关系。GIS 与计算机辅助设计(制图)系统(Computer Aided Design,CAD)的共同点都是处理具有空间坐标的空间数据,区别是 GIS 更侧重于空间数据的分类、分析和管理,而后两者仅侧重于空间数据的制图表达;可以更加通俗地理解为 GIS 是为了"给人管",而后两者是为了"给人看"。

五、GIS 的发展透视

1. 20 世纪 60 年代的开拓

Roger F.Tomlinson(加拿大)和 Duane F.Marble(美国)于 20 世纪 60 年代初首次提出"地理信息系统"。1962 年,Tomlinson 提出利用数字计算机处理和分析大量的土地利用地图数据,并建议加拿大土地调查局建立加拿大地理信息系统(CGIS),以实现专题图的叠加、面积量算等。到 1972 年,CGIS 全面投入运行与使用,成为世界上第一个运行型的地理信息系统。

这个时期的特点是注重空间数据的地学处理,以专家兴趣与大学研究为主。

2. 20 世纪 70 年代的发展

(1)资源的开发利用和环境保护成为政府重点关注的问题,需要 GIS 的空间分析技术和方法。

(2)计算机技术的迅速发展,如人机图形交互技术、第一套利用关系数据库管理系统软件的问世等。

(3)专业化人才的增加,许多大学开始提供 GIS 培训。

(4)一些商业性咨询服务公司开始从事 GIS 工作,如美国环境系统研究所(Environment System Research Institute,ESRI)成立于 1969 年。这个时期的特点是注重空间地理信息的管理,以机构开发与政府推动为主。

3. 20 世纪 80 年代的突破

(1) GIS 应用领域迅速广大。

(2)许多国家制定了有关 GIS 的发展规划,建立了一些政府性、学术性机构,如中国于 1985 年成立了"资源与环境信息系统国家重点实验室",美国于 1987 年成立了国家地理信息与分析中心(The National Center for Geographic Information and Analysis,NCGIA)。

(3)商业性咨询公司、软件制造商大量涌入。

这个时期的特点是注重空间决策支持分析,商业化实用系统开始进入市场。

4. 20 世纪 90 年代的社会化

(1) GIS 已经成为许多机构必备的工作系统,尤其是政府决策部门在一定程度上由于受 GIS 的影响而改变了现有机构的运行方式、设置与工作计划等。

(2)社会对 GIS 的认识普遍提高,需求大幅度增加,导致 GIS 应用的扩大与深化。

(3)国家级乃至全球级 GIS 成为公众关注的问题。

这个时期的特点是 GIS 行业化、产业化,成为现代人类社会最基本的服务系统。

5. 21 世纪 10 年代的新发展

21 世纪 10 年代开始新一代 GIS 的研究与开发。这个时期的特点是网络化多级客户—服务器体系、标准化开放式机制、对象组件式架构、中间件与智能体技术、提供按需所求的 GIS 软件网络注册使用申请与应用服务能力。

第二节　GIS 功能

由计算机技术和空间数据相结合而产生的 GIS 这一高新技术,包含处理地理信息的各种高级功能,但其基本功能是数据的采集、管理、处理、分析和输出(图 1-1-4)。GIS 依托这些基本功能,通过利用空间分析技术、模型分析技术、网络技术、数据库技术和数据集成技术、二次开发环境等,满足社会和用户的广泛需求。

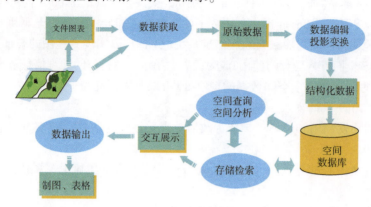

图 1-1-4　GIS 的功能实现过程

一、基本功能

1. 数据采集、检验与编辑

GIS 数据的建设占整个系统建设投资的 70% 或更多,为此,信息共享与自动化数据输入成为 GIS 研究的重要内容。可用于 GIS 数据采集的方法和技术很多,有些仅用于 GIS,如手扶跟踪数字化仪,而自动扫描输入与遥感数据的集成最为人们所关注。扫描技术的应用与改进是一个富有挑战性的问题,扫描数据的自动化编辑与处理仍是 GIS 主要研究的技术关键。

2. 数据操作

数据操作方法包括数据的格式化、数据转换、数据概化。数据的格式化是指不同数据结构的数据间变换,是一种耗时、易错、需要大量计算的工作,应尽可能避免。数据转换包括数据格式转化、数据比例尺的变换。在数据格式的转换方式上,矢量到栅格的转换要比逆运算快速、简单。数据比例尺的变换涉及数据比例尺的缩放、平移、旋转等方面,最为重要的是投影变换。许多软件系统都对常见的投影进行定义。数据概化包括数据平滑、特征集结等。目前 GIS 提供的数据概化功能很弱,与地图综合的要求还有很大差距,还有待进一步发展。

3. 数据的存储与组织

数据的存储和组织是一个数据集成的过程,也是建立 GIS 数据库的关键步骤,涉及空间数据和属性数据的组织。栅格模型、矢量模型或栅格/矢量混合模型是常用的空间数据组织方法。空间数据结构的选择在一定程度上决定了系统所能执行的数据与分析的功能。混合型数据结构利用了矢量和栅格数据结构的优点,为许多成功的 GIS 软件所采用。目前,属性数据的组织方式有层次结构、网络结构与关系数据库管理系统等。在地理数据组织和管理中,最为关键的是如何将空间数据与属性数据融合为一体。

4. 查询、检索、统计与计算

查询、统计、计算是 GIS 以及许多其他自动化地理数据处理系统应具备的最基本的分析方法与技术。

二、空间分析与模型分析

空间分析在地理学研究中有着悠久的历史和传统,数学概念与方法的引入,并从统计方法扩展到运筹学、拓扑学等方法的应用,进一步促进了定量分析的能力。空间分析可用于分析和解释地理特征间的相互关系及空间模式。对空间分析方法的研究尤其是加强环境空间模拟模型的研究,在环境科学和公共决策分析中变得越来越重要。

空间性分析可分为三个不同的层次:一是空间检索,包括从空间位置检索空间物体及其属性和从属条件集检索空间物体。"空间索引"是空间检索的关键技术,有效地从大型的 GIS 数据库检索出所需信息,将影响 GIS 的分析能力;另一方面,空间物体的图形表达也是空间检索的重要部分。二是空间拓扑叠加分析。空间拓扑叠加分析实现了输入特征的属性合并以及特征属性在空间上的连接。三是空间模拟分析。目前多数研究工作着重于研究如何将 GIS 与空间模型分析相结合。研究分为三类:第一类是 GIS 外部的空间模型分析,将 GIS 当作一个通用的空间数据库,空间模型分析借助于其他软件;第二类是 GIS 内部的空间模型分析,试图利用 GIS 软件来提供空间分析模块以及发展适用于问题解决模型的宏语言,这种方法一般基于空间分析的复杂性和多样性,易于理解和应用,但由于 GIS 软件所能提供的空间分析功能极为有限,这种紧密结合的空间模型分析方法在实际 GIS 设计中较少使用;第三类是混合型的空间模型分析,其宗旨在于尽可能地利用 GIS 所提供的功能,同时也充分发挥 GIS 使用者的能动性。

空间分析和统计技术是 GIS 一个独立的研究领域,不仅成为区别于其他类型系统的一个重要标志,而且也为用户提供了灵活的解决各类专门问题的有效工具。常用空间分析统计方法有以下几种:

(1)拓扑叠合。通过将同一地区两个不同图层的特征相叠合,不仅能建立新的空间特征,而且能够将输入的特征属性予以合并,易于进行多条件的查询检索、地图裁剪、地图更新和应用模型分析等。

(2)缓冲区建立。研究根据数据库的点、线、面实体,自动建立各种类型要素的缓存多边形,用以确定不同地理要素的空间接近度或邻近性。它是 GIS 重要的和基本的空间分析功能之一,例如规划建设一个开发区,需要通知一定范围内的居民动迁;或者是需要按照距河流一定纵深范围来确定森林砍伐区,以防止周边地区的水土流失等。

(3)数字地形分析。GIS 提供了构造数字高程模型及有关地形分析的功能模块,包括坡度、坡向、地表粗糙度、山谷线、山脊线、日照强度、库存量、表面积、立体图、剖面图和通视分析等,为地学研究、工程设计和辅助决策提供重要的基础性数据。

(4)空间集合分析。空间集合分析是按照两个逻辑子集给定的条件进行布尔逻辑运算。

三、地图输出

经过系统的处理与分析,通过 GIS 技术可以产生新的概念和内容,直接输出供专业规划或决策人员使用的各种地图、图像、图表或文字说明,其中地图图形输出是 GIS 产品主要的表现形式,包括各种类型的符号图、动线图、点值图、晕线图、等值线图、立体图等。主要技术方法包括设置显示环境、定义制图环境、显示地图要素、定义字形符号、设置字符大小和颜色、标注图名和图例绘图文件编辑等。

地图是作为记录地理信息的一种图形语言形式,从历史的发展来看,GIS 脱胎于地图并成为地图信息的又一种新的载体形式,它具有存储、分析显示和传输的功能,尤其是计算机制图为地图特征的数字表示、操作和显示提供了成套方法,为 GIS 的图形输出提供了技术支持。电子图集与传统地图集相比,具有许多新的功能。

(1)声、图、文和数据多媒体集成,把图形的直观性、数字的准确性、声音的引导性和亲切感相结合,充分利用了使用者的各种感官。

(2)查询检索和分析决策功能,能够支持从地图图形到属性数据和从属性数据到图形的双向检索。

(3)图形动态变化功能,从开窗缩放、浏览阅读等基本功能到地图动画功能、多维动画图形模拟等。

(4)具有良好的用户界面,使使用者介入地图的生成过程。

(5)多级比例尺之间的相互转换。由于计算机幅面的限制和计算机潜在的计算功能和巨大的存储能力,具有多级比例尺不同程度的制图综合功能[4]。

四、常用软件介绍

有代表性的 GIS 软件包括 ArcGIS、MapInfo、MAPGIS、SuperMap 等,这些软件既有国外软件,也有国内自主研发的软件。对于国外软件来说,由于 GIS 技术研究起步早,软件产品已经相当成熟,它们在全球占有较大的市场,知名度较高,如 ArcGIS 和 MapInfo。对于国内软件来说,虽然起步晚,但打破了国外 GIS 软件对我国市场的垄断,并且与国外软件的差距正在缩小,部分性能甚至已经超越了国外软件,如 MAPGIS 和 SuperMap。

ArcGIS 是目前功能最为完善、性能最为稳定的专业 GIS 软件平台之一,也是最庞大的 GIS 软件,由美国环境系统研究所(Environment System Research Institute, ESRI)开发。ArcGIS 具有强大的地图制作、空间数据管理、空间分析、空间信息整合、发布与共享的能力。ArcGIS 不但支持桌面环境,还支持移动平台、Web 平台、企业级环境以及云计算构架。同时 ArcGIS 还为开发人员提供了丰富多样、基于 IT 标准的开发接口与工具,轻松构建个性化的 GIS 应用。

MapInfo 是美国 MapInfo 公司的桌面 GIS 软件,其含义是地图+信息(Mapping + Information),即地图对象+属性数据,是一种数据可视化、信息地图化的桌面解决方案。它依据地图及其应用的概念,采用办公自动化的操作,集成多种数据库数据,融合计算机地图方法,使用地理数据库技术,加入了地理信息系统分析功能,形成了简单易学、二次开发能力强、极具实用价值的、可与普通的关系数据库连接、可以为各行各业所用的大众化小型软件系统。

MAPGIS 是武汉中地数码科技有限公司依托中国地质大学(武汉)信息工程学院开发的,新一代面向网络超大型分布式地理信息系统基础软件平台。系统采用面向服务的设计思想、多层体系结构,实现了面向空间实体及其关系的数据组织、高效海量空间数据的存储与索引、大尺度多维动态空间信息数据库、三维实体建模和分析,具有 TB 级空间数据处理能力,可以支持局域和广域网络环境下空间数据的分布式计算,支持分布式空间信息分发与共享,网络化空间信息服务,能够支持海量、分布式的国家空间基础设施建设。

SuperMap 是由北京超图软件股份有限公司依托中国科学院强大的科研实力开发的,具有完全自主知识产权的大型 GIS 软件平台,包括组件式 GIS 开发平台、服务式 GIS 开发平台、嵌入式 GIS 开发平台、桌面 GIS 平台、导航应用开发平台以及相关的空间数据生产、加工和管理工具。其功能强大,覆盖行业范围广泛,深入国内各个 GIS 行业应用,已成为亚洲最大的 GIS 软件平台提供商。凭借超图公司领先的技术、开放的理念、优质的服务,SuperMap GIS 系列软件成为中国主流的 GIS 平台,并已成功地进入日本、韩国、新加坡、美国、意大利等国家,SuperMap 正逐步向一个国际化的 GIS 品牌迈进。

五、公路环境影响评价中的 GIS 需求

公路建设项目对生态环境、大气、水、社会经济、自然景观等都会产生不同程度的影响,涉及的环境要素复杂而且空间异质性高,影响程度与它们之间的空间位置关系息息相关(穿越或者邻近)。空间位置关系的分析是 GIS 的强项,可以将项目设施、受影响环境要素和潜在的影响因子等叠合在一起,直观地说明项目的环境影响,这就是常用的生态影响预测与评价方法——图形叠置法。《环境影响评价技术导则——生态影响》[5]指出,图形叠置法适用于具有区域性影响的特大型建设项目评价中,公路建设项目就有区域性影响的特征。《公路建设项目环境影响评价规范》[6]中将图形叠置法看作是一种兼具操作性和科学性的评价方法,实用、简便且非常直观,特别适合对于自然保护区、敏感生态系统影响的判定。目前,GIS 已经成为公路环境影响评价的常规手段之一[7-9]。

值得一提的是,相比公路建设环境影响评价项目,GIS 能够在公路网规划环境影响评价项目中发挥更加重要的作用,因为后者涉及远远大得多的空间范围和更加丰富的环境数据。通过公路网布局方案与区域土地利用现状、各类环境敏感区的叠加图,可以说明规划公路网与自然保护区、风景名胜区、世界自然与文化遗产地等环境敏感区之间的空间位置关系;结合各环境敏感区的保护对象和保护要求,分析规划实施对其可能产生影响的途径、范围和程度。通过分析规划公路网可能穿越水源涵养和生物多样性保护等重要生态功能区、土地沙化和石漠化等生态脆弱区,森林和湿地等重要生态系统的长度和面积,识别出影响较显著的路段及受规划影响较大的区域。

另外,GIS 强大的空间分析功能能够极大地提高环境影响分析的自动化程度,在目前的计算机发展水平下,工作量与公路的长度以及环境数据量几乎无关。例如,通过对比工程可行性阶段和施工图阶段的公路线位图,自动判断变化的部位以及比例;通过叠加公路线位与土地利用类型图,自动统计公路建设需要占用的各种土地利用类型的面积和比例。

在下一章节中,我们将会通过列举具体的应用案例,从不同的角度阐述 GIS 在公路环境影响评价中的作用,让公路环境影响评价更加直观或更有效率。所有应用案例使用的 GIS 软件是 ArcGIS 9.3 版本,使用的坐标系是 WGS84 坐标系。之所以使用 WGS84 坐标系主要有两个原因:一是为了和野外踏勘所用的手持 GPS 记录的坐标保持一致;二是因为案例中的 GIS 数据非测绘级别且不涉密。

第二章　GIS 在公路环评中的应用

第一节　公路线位与环境图件叠置

公路线位与环境图件叠置是将拟建公路与收集到的环境相关的图形文件叠加在一起，通俗地讲就是在已有的环境相关的图形上"画"出该尚未建设的公路，让环境影响评价更加直观。根据经验，环境相关的图形文件大致可以分为两类：一类是原始的遥感影像（推荐使用 Google Earth 中免费的高清遥感影像）；另一类是已有的各种专题图。前者主要适用于缺少专题图的情况，通过叠置可以在现场踏勘之前在室内预先筛选环境敏感点（如村庄、寺庙、学校、河流等），提高现场踏勘工作效率。后者主要适用于现场踏勘无法解决的情况，如现实中自然保护区的边界并没有明确的标记，现场踏勘无法确定公路设计路线是否穿越以及穿越的位置和长度。

一、公路线位与 Google Earth 叠加

Google Earth 是一款由 Google 公司开发的虚拟地球仪软件（采用 WGS84 坐标系），它把卫星影像布置在一个地球的三维模型上，给人以卫星上俯瞰地球的逼真体验效果。Google Earth 拥有数以 TB 计的海量卫星影像，其高分辨率的卫星影像主要来自美国 Digital Globe 公司的 QuickBird 商业卫星，分辨率高达 0.61m。虽然 Google Earth 不提供最新的卫星影像，但是能够满足对影像的时效性要求不高的需求。最关键的是 Google Earth 上的影像可以免费浏览。

公路线位与 Google Earth 叠加的过程实际上是制作 Google Earth 支持的 kml 或者 kmz 格式的公路线位文件的过程，用 Google Earth 打开该文件就等于实现了公路线位和高分辨率卫星遥感影像的叠加。该过程分三步：一是对包含公路线位的图件进行地图配准（又称图像配准或者几何校正）[1]；二是提取公路线位有关的要素，剔除其他不必要的要素；三是将提取的公路线位导出成 kml 或者 kmz 格式文件。

第一步：地图配准。一般从公路设计单位能够获得的公路线位图件无外乎 CAD 矢量文件或 JPG 等栅格文件两种，都能够用 ArcGIS 的 Georeferencing 工具条实现地图配准。首先，在 ArcMap 中加载需要进行配准的公路线位图件，并与 Google Earth 上该公路所在区域的影像进行比对寻找配准用的控制点[2]；然后记录所有控制点在 Google Earth 上的坐标，并通过 Georeferencing 工具条在公路线位图件上一一标识。以图 1-2-1 为例，公路线位图件是 CAD 矢量文件，除了设计公路线位之外还有各种地物背景，通过比较能够发现公路线位图件较陈

---

[1] 与遥感技术篇章中介绍的遥感影像预处理过程中的几何静校正相同。
[2] ArcGIS 中对 CAD 矢量文件只能添加不超过 2 个控制点（建议 2 个），对 JPG 等栅格文件不限（建议至少 3 个控制点）。

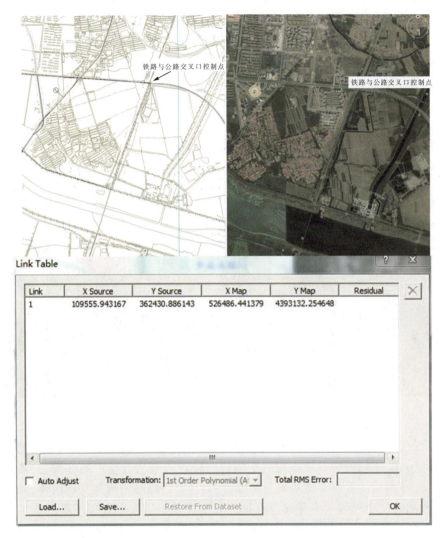

图 1-2-1　地图配准过程中的控制点

旧,从 Google Earth 上可以看出,该地区存在大量村庄拆迁和房地产开发。但是,公路和铁路往往比较稳定,不容易发生变化,两者的交叉口十分适合作为控制点。该处控制点在 Google Earth 上的经纬度坐标是东经 117°18′32.00″、北纬 39°41′15.42″,投影后的坐标是 X 约等于 526486m、Y 约等于 4393132m(ArcGIS 自动换算);该处控制点在 CAD 矢量文件中的坐标是 X 约等于 109556、Y 约等于 362431。在添加了足够的控制点后,在 Georeferencing 工具条中点击"Update Georeferencing",即可保存并完成地图配准,具体过程由 ArcGIS 完成,结果是在公路线位图件所在的文件夹中生成了一个额外的 wld 格式(针对 CAD 矢量文件)或者 jgw 格式(针对 JPG 栅格文件)的同名文件。

第二步:提取公路线位。新建并在 ArcMAP 中加载两个 ArcGIS 支持的 shp 格式矢量文件,一个用于存储公路路线、桥梁、隧道等主体工程的线形数据,另一个用于存储里程桩号这一点状数据。对于 CAD 矢量文件来说,提取公路线位十分简单,就是在 ArcMAP 中选中这些数据,复制并粘贴到对应的 shp 格式文件即可;对于 JPG 等栅格文件来说,提取公路线位需要一定的工作量,就是在 ArcMAP 中重新描一遍(统称"矢量化")。提取公路线位后还需要赋予属性信息,以区分不同的公路类型(如路基、桥梁、隧道等)以及不同的里程桩号。

第三步:导出公路线位。ArcToolbox 工具箱里有多个将 shp 格式文件导出成 kml 或者 kmz 格式文件的工具,比如 Conversion Tools 中的 To KML 工具。但是在导出前最好先做一些工作,比如对路基、桥梁、隧道赋予不同的颜色或者线形,对不同的里程桩号用数字加以标识等。如图 1-2-2 所示是某拟建公路的一小部分,路基、桥梁、隧道分别用红色细线、绿色粗线、黄色粗线表示,展示的路段大致位于桩号 DK33~DK37 处。

图 1-2-2　公路线位与 Google Earth 叠加

将公路线位与 Google Earth 叠加后,很直观地就能看出,DK36 与 DK37 之间的下脖项村必然面临拆迁;DK34 前后的石板沟村由于离公路较近可能会有噪声超标问题,需要近 1km 的声屏障;DK35 前后的黄草湾虽然离公路较近,但是公路以隧道形式穿过山体,几乎不会造成影响,不过离村庄更近的一条既有公路是否有噪声防护措施需要现场踏勘核实。该路段位于山区,河谷北部山区是向阳面,土壤水分蒸发散较强,植被长势较差(耐干旱的稀疏灌丛);河谷南面山区是被阳面,土壤水分蒸发散较少,植被长势较好(森林)。该路段位于河谷北岸,仅从遥感影像上就能够初步判断,该线位对生态环境影响不大,从环保角度值得推荐。

当公路线位较长、沿线环境敏感点密布,且已有经验性的环境敏感点筛选标准时,可以将该"筛选标准"也与 Google Earth 叠加,让室内预先筛选环境敏感点的工作更有效率。例如,根据经验,公路建成后的车流产生的噪声污染随着距离不断衰减,一般不会造成 200m 以外的噪声敏感点噪声超标。

通过 ArcToolbox 工具箱里 Analysis Tools 中的 Buffer 工具,选择在上面第二步后提取的公路线位,设定距离参数为 200m,生成一个带状的面状的 shp 格式文件。重复上面的第三步,只不过这回需要导出的是公路两侧的 200m 缓冲区。值得注意的是,由于该文件是面状文件,在导出前需要在 ArcMAP 中将该面文件的填充颜色设为透明,仅给缓冲区边界赋色,如此不会在 Google Earth 上遮盖高清卫星影像;当然,也可以在导出后在 Google Earth 上设置填充颜色。如图 1-2-3 所示,A、B、C 三处村子都有一部分房子在距离公路 200m 范围内,D、

E 两处村子正好在 200m 范围之外，F、G 两处村子距离公路较远。

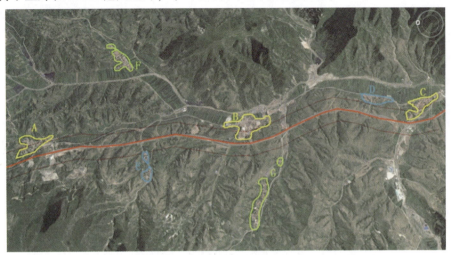

图 1-2-3　公路线位以及 200m 缓冲区范围与 Google Earth 叠加

二、公路线位与环境专题图叠加

一般情况下，搜集到的环境专题图是纸质的文件或者是 JPG 等栅格格式的电子文件，如果是纸质的文件，一般都会用扫描仪将其转换成电子图片。所以，在这里我们都假设环境专题图是 JPG 等栅格格式的电子文件。公路线位与环境专题图叠加的过程和公路线位与 Google Earth 叠加的过程同样分三步：一是对公路线位图件和环境专题图都进行地图配准；二是提取公路线位有关的要素，或者也提取环境专题图中的要素（取决于叠加后是否需要自动空间分析）；三是导出图片，即在 ArcMAP 的 Layout view 界面添加并设定纸张、指北针、比例尺、图例、文字说明等元素后，通过 File 菜单下的 Export Map 导出图片。该过程前两步骤的具体过程已在前面做过介绍，不再赘述。以下是多个不同的公路线位与环境专题图叠加案例。

西藏自治区交通运输厅组织编制了《西藏自治区省道网规划（2014—2030）》，省道网横贯东西和南北，且沿线均有重点保护的野生动物种类分布。省道网规划实施过程中对野生动物的影响范围不仅包括永久占地范围和临时占地范围，而且考虑到野生动物的活动规律及其生活习性，其影响范围可能将扩大到野生动物的活动区域，如工程沿线野生动物的繁殖区、野生动物的迁徙路线等区域。以西藏最著名的国家 I 级重点保护野生动物藏羚羊为例，通过将省道网与藏羚羊分布与迁徙路线图叠加，识别有可能阻隔其迁徙的省道，如图1-2-4 所示。

省道网中位于西藏西北部的局部路段，如 S301 安多至日土段、S302 申扎至巴尔段、S517 改则至仲巴段、S518 改则至巴嘎段、S209 双湖至尼玛段和 S519 日土红山达坂至空喀山口段，位于羌塘高原南部布线。而羌塘高原为西藏藏羚羊的主要分布区域，上述路段均不同程度涉及国家 I 级重点保护野生动物藏羚羊的迁徙通道。建议在项目实施过程中，对这些路段开展工程沿线野生动物的专项调查研究工作，明确公路沿线种群的分布以及迁徙通道的具体位置，并依据调查结果提出针对性的减缓措施，如在珍稀野生动物迁徙的主要路段设置

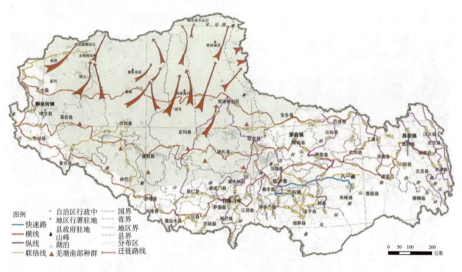

图 1-2-4 西藏省道规划网与藏羚羊分布与迁徙路线图叠加

缓坡通道、增设桥涵等措施,降低公路的影响。同时,在野生动物分布集中的路段沿线设置野生动物保护的警示牌、设置减速带等措施,降低车辆行驶对野生动物的影响。

青海省交通运输厅组织编制了《青海省高速公路网规划(2008—2030 年)》,青海省共有省级以上自然保护区 11 处,总面积为 21.83 万 km^2(其中有 15.23 万 km^2 属于三江源自然保护区),占青海省面积的 30.21%。高速公路网几乎可以肯定会发生穿越自然保护区的问题,以位于青海省南部地区的三江源自然保护区为例,通过将高速公路网与三江源自然保护区分布图叠加,识别出穿越自然保护区的路段,如图 1-2-5 所示。

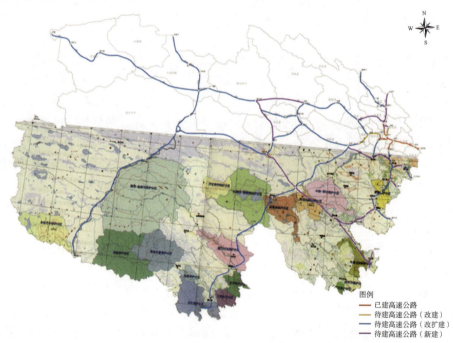

图 1-2-5 青海省高速公路规划网与三江源国家级自然保护区分布图叠加

高速公路网中位于青海东南部部分或多或少穿越了三江源自然保护区：共和—昌都段高速公路在囊谦县至多普玛路段穿越三江源白扎保护分区核心区和缓冲区，在玛多至清水河段穿越星星海保护分区缓冲区和扎陵湖保护分区实验区，在清水河至玉树段穿越通天河保护分区实验区；成都—香日德高速公路在大武至花石峡段穿越阿尼玛卿保护分区缓冲区，在久治至大武段穿越年保玉则保护分区实验区；张掖—河南高速公路在同仁至泽库段穿越麦秀保护分区核心区；北京—拉萨高速公路在昆仑山口至唐古拉山口穿越索加—曲麻河保护分区实验区。按照原国家环境保护总局《关于涉及自然保护区的开发建设项目环境管理工作有关问题的通知》（环发〔1999〕177号）的要求，以上路段建设项目开展环境影响评价时，需要更多关注不穿越或者较少穿越保护区的比选线方案，不可避免需要穿越的需要开展穿越自然保护区的专题论证，甚至可能涉及自然保护区的内部功能区划或者对范围、界线进行适当调整。

青海德令哈—香日德公路。路线起点位于青海省海西蒙古族藏族自治州德令哈市已建成德令哈市长江南路终点，终点位于都兰县香日德镇，全长约166km。该项目位于柴达木盆地东缘，路线所经区域均为低山微丘及平原，地形平坦开阔。项目所在区域属于中亚荒漠的一个组成部分，降水量远远小于蒸发量，荒漠化严重，生态环境十分脆弱。整个区域的植被类型以生长在戈壁和荒漠中的猪毛菜/白刺/梭梭荒漠灌丛占有绝对优势，在几处内陆河流附近分布有嵩草或芦苇沼泽草甸，少量人工栽培农作物只分布在路线起终点附近的城镇周围。

公路沿线的植被类型分布图（图1-2-6）是在30m分辨率的Landsat TM多光谱遥感影像上解译得到的，具体过程不再赘述；梭梭林自然保护区由《青海柴达木梭梭林自然保护区总体规划图》经地图配准并矢量化后获得。值得注意的是，区域内部分梭梭林属于自然保护区，在路线走廊带穿越保护区不可避免；值得庆幸的是，该自然保护区旨在保护梭梭林植被，不涉及大型的迁徙类或者珍惜的野生动物，公路对自然保护区的影响仅限于占压部分梭梭

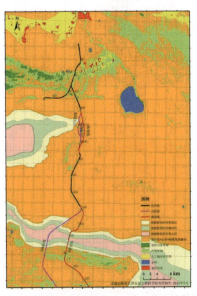 

图1-2-6 青海德令哈—香日德公路与植被类型分布图及梭梭林自然保护区叠加

林植被,完全可以通过异地栽种来补偿。

该公路从工程可行性角度设计了3处比选路段,其中B处比选较长而且穿越自然保护区。B处推荐线路线长度较短,占用更少的土地资源,而且占用较少的嵩草沼泽草甸和芦苇草甸。另外,B处推荐线选择了走廊带的核心区最窄之处穿越,做到了尽量少占用保护区用地(尤其是核心区)的环保设计理念,明显优于其对应的比较线。不过,B处推荐线在K95里程桩号处前后约1km长的路段穿越了保护区的实验区,建议在初步设计阶段再做现场踏勘核实,尽量将该处往西调整出自然保护区界。

天津武宁公路(宝坻宁河界—九园公路)里程长度8.64km,通过将工程线位与天津市域供水水源工程规划图叠加(图1-2-7),发现工程跨越引滦入港输水管线(K8~K9+500)和引滦入津明渠(终点)。然而,规划图中的水渠的位置大致正确但宽度明显不正确,该规划图仅限于示意用途,公路跨越水渠的实际准确位置需要实地踏勘并走访主管部门。

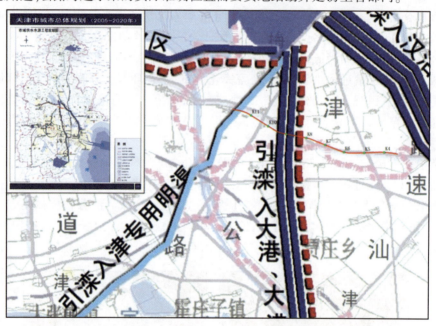

图1-2-7 天津武宁公路(宝坻宁河界—九园公路)与天津市域供水水源工程规划图叠加

经与引滦管理处及管道设计单位咨询获悉,路线K9+200处与现状引滦入港管道交叉。引滦入港输水管道是为天津钢管公司、军粮城发电厂、电解铜项目、大港油田和乙烯工程等大型企业供水的专用输水管道。该处管线始建于1987年,1991年建成使用,埋深1.5m,由2根直径1.2m的水泥管和1根1.4m的钢管组成。工程开工之前,建设单位需向引滦管理处就管线切改施工方案征求意见。

经实地踏勘并将公路与Google Earth叠加(图1-2-8),发现工程并未跨越引滦入津明渠,而是邻近该渠。根据《天津市引滦水源污染防治管理条例》,引滦输水明渠两堤从外坡脚向外各扩延500m范围为一级保护区,该工程K11+430至终点段涉及引滦水源一级保护区。建议公路两侧边沟采取防渗措施并设置简易闸门,保护区界处设立警示牌(标注风险应急联系单位及联系方式),施工期间要在水源保护区相应主管部门的同意下加强施工管理。

图 1-2-8　天津武宁公路(宝坻宁河界—九园公路)终点处与 Google Earth 叠加

第二节　公路环境影响分析与统计

第一节介绍的是公路线位与环境图件叠置,目的是让公路工程与环境保护目标之间的关系得到直观的展现,适用于叠加后公路建设环境影响立刻就"一目了然"的情形。但是,当公路线位周边存在较多的环境保护目标并且存在筛选、分析、统计等需求的时候,就需要利用 ArcGIS 强大的空间分析功能,以提高效率。本节在前一节的基础上,通过各种案例进一步介绍 GIS 空间分析功能在公路环评中的应用,所有列举的案例都默认已经完成了公路线位与环境图件的叠合,并且两者都经过矢量化转换成 shp 格式文件。

一、公路网跨越河流自动识别

公路建设对水环境的影响主要表现在以下几个方面:在地形稍起伏地区,切断地表径流,引起地面水环境水文特征变化;沿线布线,将有可能改变河道泄洪及调洪能力,河道随意弃土弃渣,有可能造成河道淤塞;山地区域,隧道的修建或有可能改变地下水水文特征;建成后,危化品车辆意外事故,有可能造成严重甚至灾难性的水体污染。

对于具体的公路建设项目环评来说,具体情形需要依据现场踏勘开展具体的分析;而对于公路网规划环评来说,由于路线的具体走向尚不确定,在评价的思路上更强调宏观评价和区域内环境资源的协调性,水环境影响分析的主要工作是粗略地识别出可能产生不同影响的敏感水体,从而为调整规划布局和具体建设项目环评提供参考依据。然而,公路网规划环评涉及远远大得多的空间范围和密如织网的水系,纯粹依靠人力识别十分枯燥且令人"眼花缭乱"。下面我们以青海省高速公路网规划(2008~2030 年)的水环境影响评价为例,介绍 GIS 在自动识别公路网跨越河流位置的方法(图 1-2-9)。

将公路网和河流这两个线形矢量数据叠加后(即在 ArcMAP 中加载),用 ArcToolbox 工具箱中的 Analysis Tools 中的 Intersect 工具,即可获得两个线形矢量数据的相交点(公路跨河位置),图 1-2-9 中共计 65 个绿色圆点。该点文件同时包含公路网和河流这两个线形文件中的所有属性,查看任意一点的属性能够甄别是哪条公路跨越了哪条河流(图 1-2-10)。例如,河流文件中包含“功能”这一属性,我们将该属性等于“自然保护”和“饮用水源”的河流列为敏感河流,通过统计发现,包括长江源头通天河等在内的 27 处自然保护区水体和包括北川河、大通河等在内的 35 处饮用水水源保护区水体可能受到包括高速公路网规划建设的影响。例如,公路文件包含该公路是新建、改扩建还是已建完成的属性,对于已建的公路来说,不再产生建设期对河流造成水环境影响的问题。

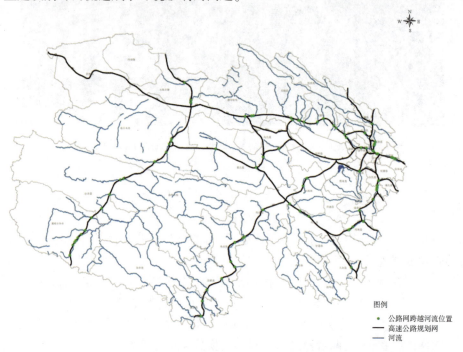

图 1-2-9　公路网跨越河流自动识别

FID	Shape *	路线名称	简称	编号	路线属性	路段名称	路段等级	工程性质	实施计划	工程分段	河流名称	归属	功能	水质
0	Multipoint	柳园~格尔木	柳格	G3011	国道	大柴旦~察尔	2	改扩建	近期	大柴旦~察尔	宝明郭勒	大柴旦行委	饮用水源	II
1	Multipoint	柳园~格尔木	柳格	G3011	国道	大柴旦~察尔	2	改扩建	近期	大柴旦~察尔	塔克勒根・高勒	大柴旦行委	景观用水	III
2	Multipoint	北京~拉萨	京藏	G6	国道	不冻泉~唐古	2	改扩建	中期	不冻泉~唐古	日阿尺曲	治多县	自然保护	I
3	Multipoint	北京~拉萨	京藏	G6	国道	不冻泉~唐古	2	改扩建	中期	不冻泉~唐古	日阿池曲	治多县	自然保护	I
4	Multipoint	北京~拉萨	京藏	G6	国道	不冻泉~唐古	2	改扩建	中期	不冻泉~唐古	楚玛尔河	治多县	自然保护	I
5	Multipoint	北京~拉萨	京藏	G6	国道	不冻泉~唐古	2	改扩建	中期	不冻泉~唐古	楚玛尔河	曲麻莱县	自然保护	I
6	Multipoint	北京~拉萨	京藏	G6	国道	不冻泉~唐古	2	改扩建	中期	不冻泉~唐古	沱沱河	格尔木市	自然保护	I
7	Multipoint	北京~拉萨	京藏	G6	国道	不冻泉~唐古	2	改扩建	中期	不冻泉~唐古	布曲	格尔木市	饮用水源	II
8	Multipoint	北京~拉萨	京藏	G6	国道	不冻泉~唐古	2	改扩建	中期	不冻泉~唐古	通天河	格尔木市	自然保护	I
9	Multipoint	西宁~互助	宁互	S1112	省道	西宁~互助	1	改建	已建	西宁~互助	沙塘川河	互助县	工业用水	IV
10	Multipoint	西宁~贵德	宁贵	S1113	省道	湟中~贵德	2	改扩建	近期	湟中~贵德	高红崖河	贵德县	饮用水源	II
11	Multipoint	湟源~西海	湟西	S2011	省道	湟源~西海	2	改扩建	近期	湟源~西海	湟水	海晏县	饮用水源	II
12	Multipoint	张掖~河南	张河	S11	省道	河南~赛尔龙	3	改扩建	中期	河南~赛尔龙	泽曲	河南县	饮用水源	II
13	Multipoint	河南~大武	河大	S1115	省道	宁木特~大武	4	新建	中期	宁木特~大武	泽曲	河南县	饮用水源	II
14	Multipoint	天峻~茶卡	天茶	S2012	省道	天峻~察汗诺	2	改扩建	远期	天峻~察汗诺	布哈河	天峻县、刚察	渔业用水	II
15	Multipoint	成都~香日德	成香	S24	省道	大武~花石峡	4	新建	近期	大武~花石峡	切木曲	玛沁县	自然保护	I
16	Multipoint	成都~香日德	成香	S24	省道	大武~花石峡	4	新建	近期	大武~花石峡	年扎	玛沁县	自然保护	I
17	Multipoint	共和~囊谦	共囊	S13	省道	玉树~囊谦	3	改扩建	远期	玉树~囊谦	各曲	玉树县	饮用水源	II
18	Multipoint	共和~囊谦	共囊	S13	省道	玉树~囊谦	3	改扩建	远期	玉树~囊谦	子曲	玉树县	自然保护	I
19	Multipoint	共和~囊谦	共囊	S13	省道	玉树~囊谦	3	改扩建	远期	玉树~囊谦	扎曲	囊谦县	自然保护	I
20	Multipoint	大通~互助	大互	S1111	省道	大通~互助	4	新建	远期	大通~互助	沙塘川河	互助县	饮用水源	III

Record: 0　Show: All Selected　Records (0 out of 65 Selected)　Options

图 1-2-10　公路(红色)跨越河流(蓝色)识别结果

当然,该方法存在一定的问题。由于叠加过程中地图配准带来的误差以及图件比例尺太小的原因会导致一定的识别错误,比如计划沿河平行修建的公路会被误识别为与河流存在多处跨越的错误结果。因此,需要将跨越点逐个甄别,并以此为线索,识别出与河流伴行的那部分公路。

二、公路网附近敏感点筛选

公路对附近的敏感点(以矿产资源为例)的影响程度随距离衰减,公路建设对矿产资源开发的影响有正、负两面,如果公路通过矿区(过于邻近),可能会占压部分矿产,影响矿区的正常产量;另一方面,公路的通行又可能改善矿区的运输条件(邻近),促进矿区的发展。矿产资源影响分析的主要工作是筛选出距离规划公路网较近的矿产资源,从而为调整规划布局和具体建设项目环评提供参考依据。公路网规划环评涉及数量众多的已探明储量与种类的矿产资源,与公路网跨越河流自动识别的案例相似,GIS 的强大空间分析能力比纯粹依靠人力识别具有明显的优势。下面我们以青海省高速公路网规划(2008—2030 年)的矿产资源影响评价为例,介绍 GIS 在自动筛选出距离公路网较近的矿产资源的方法(图 1-2-11)。

图 1-2-11 公路网邻近矿产资源自动识别

将公路网(线形)和矿产资源(点状)两个矢量数据叠加后(即在 ArcMAP 中加载),用 ArcToolbox 工具箱中的 Analysis Tools 中的 Near 工具,识别某个环境要素最邻近的路段并计算它们之间的距离。Near 工具并不生成新的矢量文件,而是在矿产资源文件的属性表中关联并添加离之最近的公路的属性信息以及一个包含距离信息的字段(图 1-2-12)。根据距离这一属性,即可按照既定的筛选标准,筛选出有可能受到影响的矿产资源。

鉴于高速公路网规划阶段路线的不确定性,以规划路线两侧 1km 和 1~10km 走廊带范围内的矿产资源数量作为评价范围,将路线两侧 1km 范围内的矿产地视为可能受到负面影

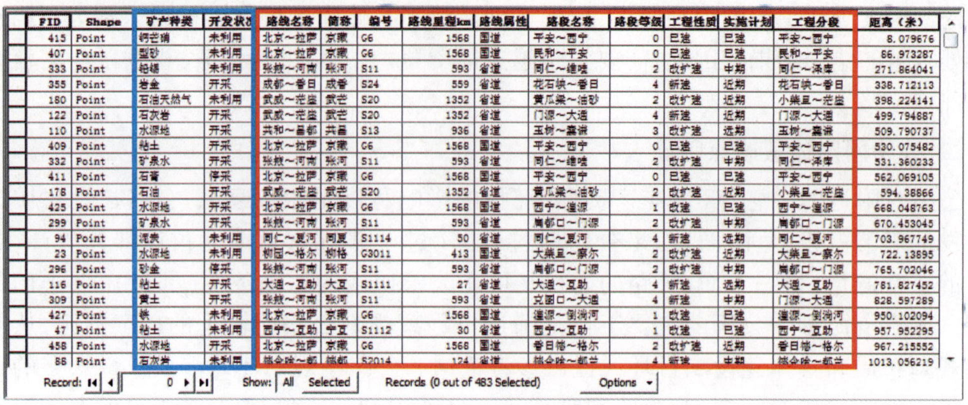

FID	Shape	矿产种类	开发状况	路线名称	简称	编号	路线里程km	路线属性	路段名称	路段等级	工程性质	实施计划	工程分段	距离（米）
415	Point	钙芒硝	未利用	北京～拉萨	京藏	G6	1568	国道	平安～西宁	0	已建	已建	平安～西宁	8.079676
407	Point	型砂	未利用	北京～拉萨	京藏	G6	1568	国道	民和～平安	0	已建	已建	民和～平安	86.973287
333	Point	铅锡	未利用	张掖～河南	张河	S11	593	省道	同仁～维哇	2	改扩建	中期	同仁～泽库	271.864041
355	Point	岩金	开采	成都～香日	成香	S24	559	省道	花石峡～香日	4	新建	近期	花石峡～香日	338.712113
180	Point	石油天然气	未利用	武威～茫崖	武茫	S20	1352	省道	黄瓜梁～油砂	2	改扩建	近期	小柴旦～茫崖	398.224141
122	Point	石灰岩	开采	武威～茫崖	武茫	S20	1352	省道	门源～大通	4	新建	近期	门源～大通	499.794887
110	Point	水源地	开采	共和～昌都	共昌	S13	936	省道	玉树～囊谦	3	改扩建	远期	玉树～囊谦	509.790737
409	Point	粘土	开采	北京～拉萨	京藏	G6	1568	国道	平安～西宁	0	已建	已建	平安～西宁	530.075482
332	Point	矿泉水	开采	张掖～河南	张河	S11	593	省道	同仁～维哇	2	改扩建	中期	同仁～泽库	531.360233
411	Point	石膏	停采	北京～拉萨	京藏	G6	1568	国道	平安～西宁	0	已建	已建	平安～西宁	562.069105
178	Point	石油	开采	武威～茫崖	武茫	S20	1352	省道	黄瓜梁～油砂	2	改扩建	近期	小柴旦～茫崖	594.38866
425	Point	水源地	开采	北京～拉萨	京藏	G6	1568	国道	西宁～湟源	1	改建	已建	西宁～湟源	668.048763
299	Point	矿泉水	开采	张掖～河南	张河	S11	593	省道	扁都口～门源	2	改扩建	中期	扁都口～门源	670.453045
94	Point	泥炭	未利用	同仁～夏河	同夏	S1114	50	省道	同仁～夏河	4	新建	远期	同仁～夏河	703.967749
23	Point	水源地	未利用	柳园～格尔	柳格	G3011	413	国道	大柴旦～察尔	2	改扩建	近期	大柴旦～察尔	722.13895
296	Point	砂金	停采	张掖～河南	张河	S11	593	省道	扁都口～门源	2	改扩建	中期	扁都口～门源	765.702046
116	Point	粘土	开采	大通～互助	大互	S1111	27	省道	大通～互助	4	新建	远期	大通～互助	781.827452
309	Point	黄土	开采	张掖～河南	张河	S11	593	省道	克图口～大通	4	新建	中期	门源～大通	828.597289
427	Point	铁	未利用	北京～拉萨	京藏	G6	1568	国道	湟源～倒淌河	1	改建	已建	湟源～倒淌河	950.102094
47	Point	粘土	未利用	西宁～互助	宁互	S1112	30	省道	西宁～互助	1	改建	已建	西宁～互助	957.952295
458	Point	水源地	开采	北京～拉萨	京藏	G6	1568	国道	香日德～格尔	2	改扩建	近期	香日德～格尔	967.215552
88	Point	石灰岩	未利用	德令哈～都	德都	S2014	124	省道	德令哈～都兰	4	新建	中期	德令哈～都兰	1013.056219

Record: 0 Show: All Selected Records (0 out of 483 Selected) Options

图 1-2-12　公路(红色)邻近矿产资源(蓝色)识别结果

响，1～10km范围内矿产地可能受到正面影响，以此分析路网规划对矿产资源的影响(图 1-2-11)。青海省高速公路网规划的实施有可能对 17 处(已建线路涉及的 4 处矿点未计在内)矿产地开发产生负面影响，其中改建线路走廊带范围内的有 12 处，新建线路走廊带范围内有 5 处；正在开采的矿点有 10 处，未利用的矿点有 6 处，停采矿点有 2 处。青海省高速公路网规划的实施有可能对 116 处(已建线路走廊带范围内和停采矿点未计在内)矿产地开发产生正面影响，其中改建线路走廊带范围内有 88 处(其中 3 处矿点已停采)，新建线路走廊带范围内有 31 处。

三、公路沿线土地利用和植被类型统计

公路环评需要结合土地利用现状图和植被分布图等，对评价范围内的生态结构进行描述，对其抗干扰能力进行分析。通过将公路线位与这些图件进行叠置，能够十分直观地了解沿线的情况，但是无法给出定量的数值。因此，公路环评中往往会在叠置后，统计公路两侧评价范围内的土地利用类型和植被类型的面积和组成比例，让数字也参与表达。当每一种类型都拥有一个标准的或者被广泛认可的权重，例如自然林比人工林、草地比盐碱地、基本农田比普通农田更加重要，该统计结果就具有可比性，可以用于不同公路线位方案的环境比选。具体方法如下。

首先，利用 ArcToolbox 工具箱中的 Analysis Tools 中的 Buffer 工具，生成公路线位两侧一定距离(如 300m)的需要统计的缓冲区范围；其次，在该缓冲区范围内，通过遥感影像解译或者已有图件矢量化的方法，得到 shp 文件格式的土地利用类型和植被类型图；然后，给这两个矢量数据都添加一个数值类型的属性字段，通过属性表右键快捷功能菜单中的 Calculate Geometry 功能计算所有斑块的面积；最后，利用 ArcToolbox 工具箱中的 Analysis Tools 中的 Summary Statistics 工具，统计各种类型的面积以及组成比例。需要注意的是，公路主体工程有不同的形式(大部分是路基形式，也有部分桥梁或者隧道)，分别占用地面、地上和地下空间，产生截然不同的环境影响。当需要区分这三者时，要根据不同的形式生成各自独立的缓冲区。我们以几个公路建设项目为例，展示公路沿线 300m 范围内的土地利用类型和植被类型的统计结果。

该项目位于我国西南山区，气候湿暖，具有明显的垂直变化。公路沿线的土地利用类型

和植被类型分布图(图 1-2-13)通过结合现场踏勘和遥感解译得到,具体过程不再赘述。公路沿线土地类型分为林地、灌木林地、草地、耕地、建筑用地(含交通用地)、未利用地和水域 7 种类型,并且以前 3 种占绝大多数,分别占据公路两侧 300m 评价范围内的 21.0%、51.5% 和 21.2%。按林地、灌木林地、草地根据植被组成的不同,又可以细分为高山栎林、云南铁杉林、喜马拉雅冷杉林、大果圆柏林、高山松林、香柏灌丛、灰毛莸灌丛、小檗灌丛和小嵩草草甸等,植物分布符合山地植被的垂直和朝向分布特征。植被类型中,以小嵩草草甸为代表的位于高海拔山顶的高寒草甸,以香柏和小檗为代表的位于山体阳坡的灌丛,以云南铁杉、高山松、高山栎为代表的位于山体阴坡的森林为主(表 1-2-1)。

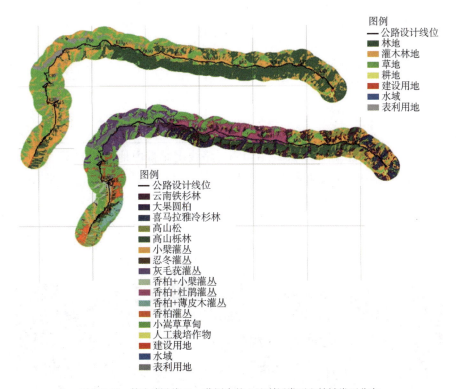

图 1-2-13 某公路沿线 2km 范围内的土地利用类型和植被类型分布

某公路沿线 300m 范围内的土地利用类型和植被类型统计　　表 1-2-1

	类　　型	面积(hm²)	比例(%)
地利用类型	灌木林地	2187.98	51.5
	草地	899.11	21.2
	林地	891.26	21.0
	耕地	0.16	0.004
	建设用地	17.07	0.4
	未利用地	206.44	4.9
	水域	45.05	1.1

续上表

类型		面积(hm²)	比例(%)
植被类型(土地利用类型中的灌木林地、草地、林地的细分)	小嵩草草甸	899.11	21.2
	香柏+杜鹃灌丛	736.88	17.4
	小檗灌丛	729.76	17.2
	云南铁杉林	361.27	8.5
	灰毛莸灌丛	314.34	7.4
	高山栎林	288.44	6.8
	香柏灌丛	184.96	4.4
	香柏+小檗灌丛	153.71	3.6
	高山松林	118.68	2.8
	喜马拉雅冷杉林	61.54	1.4
	大果圆柏	61.33	1.4
	忍冬灌丛	40.49	1.0
	香柏+薄皮木灌丛	27.85	0.7

某高速公路建设项目,路线全长约104km。路线走廊带内地形两侧低、中部高、山丘相间分布,山脉走向多呈北东向,地貌类型为构造剥蚀中低山及低山丘陵。公路沿线的植被类型分布图(图1-2-14)通过结合现场踏勘和遥感解译得到,具体过程不再赘述。研究区域以耕地(大都是基本农田)为主,几乎占用了所有地势平缓的土地,约占整个区域面积的54%;其次是灌草丛和针叶林(油松林),分布在低山和丘陵上,分别占17%和15%;阔叶林比较杂(少量的栎树和大量的人工杨树林),分布在低山和丘陵的低坡处或者距离建设用地较近的

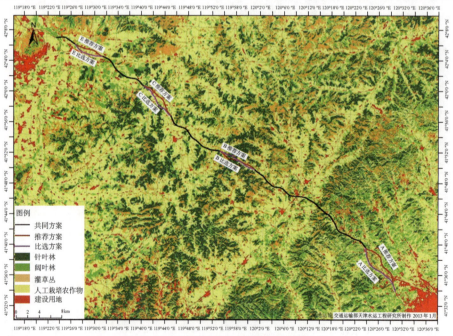

图1-2-14 某高速公路所在区域植被类型分布

平原之上,占地面积约9%。从生态角度考虑(自然性和重要性),该区域的耕地和针叶林这两类比其他三类更加重要。

该公路项目在 A、B、C、E 处路段进行了路线方案比选。根据工可报告,这4处路线方案的推荐线和比较线的工程难度、经济和社会影响均差别不大。根据4处比选路段的推荐方案和比选方案的 300m 范围内的植被类型统计(表1-2-2),A、B、C 路线方案中,推荐方案稍优于比选方案,虽然推荐方案更长,占用更多的土地资源,但是重要的耕地资源和针叶林占用得较少;E 路线方案中,推线方案本身就占用较少的土地资源和更少的耕地。

某高速公路4处比选方案 300m 范围内的植被类型统计   表1-2-2

方案	各类型面积(km^2)					汇总(km^2)
	耕地	针叶林	阔叶林	建设用地	灌草丛	
A 比选方案	4.11	0.27	1.78	1.23	0.71	8.10
A 推荐方案	3.84	0.18	1.80	1.50	0.90	8.22
B 比选方案	2.55	1.27	0.40	0.22	1.35	5.79
B 推荐方案	2.44	1.05	0.62	0.33	1.41	5.86
C 比选方案	3.92	0.79	0.35	0.30	0.62	5.97
C 推荐方案	3.43	0.61	0.36	0.60	1.05	6.05
E 比选方案	3.35	0.00	0.46	0.31	0.56	4.68
E 推荐方案	3.22	0.01	0.47	0.37	0.47	4.54

四、生态敏感区穿越长度分析

当公路线位不可避免且被允许穿越生态敏感区时(如自然保护区),位于生态敏感区的路段建设要执行更加严格环保标准,尽量避免甚至禁止在生态敏感区中取弃土;尽量避免的程度以及为此需要付出的经济代价,与公路穿越生态敏感区的长度直接相关。一般情况下,穿越的路段越长,产生的影响越大,执行更严格的环保标准的难度也越大。在图1-2-5的案例中,我们通过将公路与自然保护区分布图叠加,人工识别了穿越自然保护区的路段,但没够定量统计穿越自然保护区的长度,因为栅格图只能在与公路叠加时作为底图使用。下面以西藏自治区交通运输厅组织编制的《西藏自治区省道网规划(2014—2030年)》为例,介绍自动识别并且计算省道网穿越自然保护区的长度的方法。

截至 2012 年年底,西藏先后建立各类自然保护区 47 个(资料来源于国家环保部)。其中国家级9个,自治区级14个,地市县级24个,保护区总面积41.37万 km^2,占全区国土面积的34.47%。自动识别规划的省道网中穿越自然保护区的部分很简单,用 ArcToolbox 工具箱中的 Analysis Tools 中的 Intersect 工具,即可获得公路网与自然保护区的交集(在保护区内的公路网线形文件),如图1-2-15所示。对应的属性(图1-2-16)包含公路网和自然保护区两个文件中的所有属性,查看任意一点的属性能够甄别是哪条公路跨越了哪个自然保护区。然后,给这个属性表添加一个数值类型的属性字段,通过属性表右键快捷功能菜单中的 Calculate Geometry 功能计算各个路段的穿越长度。

据统计,整个省道网共涉及11处自然保护区,穿越然保护区的路段总长越 3815km,占省道网规划建设里程总长度的21%。按照原国家环境保护总局《关于涉及自然保护区的开

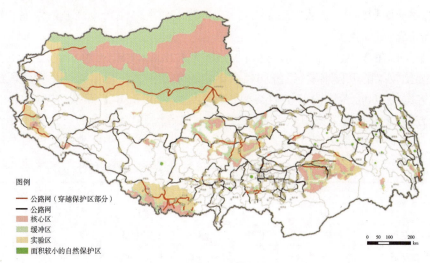

图 1-2-15 公路穿越自然保护区自动识别

Attributes of 自然保护区_公路网相交

名称	级别	类型	编号	路线名称	节点名称	类型_1	性质	净里程	穿越长度
西藏工布自治区级自然保护区	省级	实验区	S4	林芝——米林机场快速	林芝——米林机场	快速路	新建	45	17.062901
西藏工布自治区级自然保护区	省级	缓冲区	S4	林芝——米林机场快速	林芝——米林机场	快速路	新建	45	12.8616
西藏工布自治区级自然保护区	省级	实验区	S8	林芝——拉萨快速路	林芝——拉萨快速	快速路	新建	409	50.969002
西藏工布自治区级自然保护区	省级	核心区	S8	林芝——拉萨快速路	林芝——拉萨快速	快速路	新建	409	11.7176
西藏工布自治区级自然保护区	省级	缓冲区	S8	林芝——拉萨快速路	林芝——拉萨快速	快速路	新建	409	45.433399
西藏色林错黑颈鹤国家级自然保护	国家	实验区	S5	那曲——达仁机场快速	那曲——达仁机场	快速路	新建	10	5.77162
芒康滇金丝猴国家级自然保护区	国家	核心区	S202	江达生达——芒康徐中	芒康——徐中	纵线	新建	386	30.311199
芒康滇金丝猴国家级自然保护区	国家	缓冲区	S202	江达生达——芒康徐中	芒康——徐中	纵线	新建	386	5.64895
芒康滇金丝猴国家级自然保护区	国家	实验区	S202	江达生达——芒康徐中	芒康——徐中	纵线	新建	386	4.55048
雅江中游河谷黑颈鹤国家级自然保	国家	缓冲区	S206	班戈——洛扎	伦布雪——洛扎	纵线	新建	457	8.97342
雅江中游河谷黑颈鹤国家级自然保	国家	核心区	S206	班戈——洛扎	伦布雪——洛扎	纵线	新建	457	6.65919
雅江中游河谷黑颈鹤国家级自然保	国家	实验区	S206	班戈——洛扎	伦布雪——洛扎	纵线	新建	457	7.05077
雅江中游河谷黑颈鹤国家级自然保	国家	缓冲区	S207	安多强玛——洛扎扎日	打隆——扎日	纵线	新建	677	5.13321
雅江中游河谷黑颈鹤国家级自然保	国家	实验区	S207	安多强玛——洛扎扎日	打隆——扎日	纵线	新建	677	7.16955
珠穆朗玛峰国家级自然保护区	国家	实验区	S209	双湖——定日绒辖	岗嘎——绒辖	纵线	新建	1084	6.95692
珠穆朗玛峰国家级自然保护区	国家	核心区	S209	双湖——定日绒辖	岗嘎——绒辖	纵线	新建	1084	46.392899

Record: 0 Show: All Selected Records (0 out of 189 Selected) Options

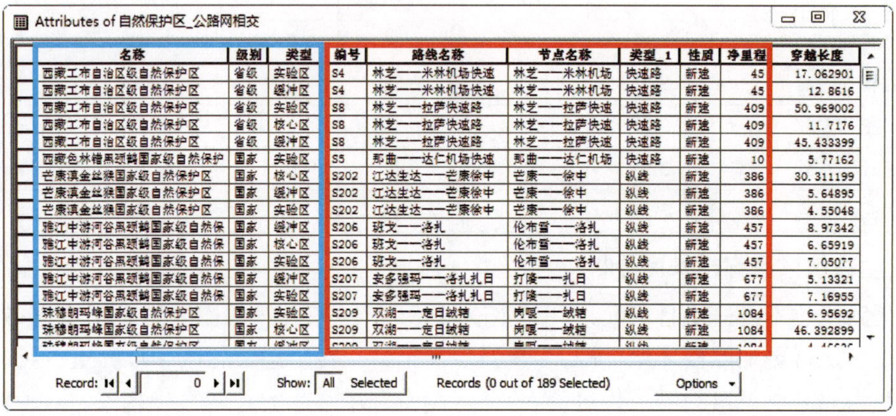

图 1-2-16 公路(红色)穿越自然保护区(蓝色)识别与长度计算结果

发建设项目环境管理工作有关问题的通知》(环发[1999]177 号)的要求,以上路段建设项目开展环境影响评价时,需要更多关注地不穿越或者较少穿越保护区的比选线方案,不可避免穿越的需要开展穿越自然保护区的专题论证,甚至可能涉及自然保护区的内部功能区划或对者范围、界线进行适当调整。

第三节 其他应用

一、工程变更分析

工程的设计图纸涉及的各种工程的形式、位置、尺寸、数量、质量及标准发生了改变,称为工程变更。公路路线方案经工程预可行性研究、工程可行性研究、初步设计、施工图设计等阶段不断优化路线选线,最终路线相对工可路线局部发生变化在所难免,而环境影响报告书仅是针对工可阶段路线进行评价。当公路建设项目发生了工程变更时,原有的环评报告中的环境影响分析以及依据此提出的环保措施将不再具有针对性,需要编制变更环境影响分析报告(非重大变更)或者重新编制环评报告(重大变更),未经原环评审批部门批准,变更内容不得实施。这时,变更情况的界定就十分重要和敏感。

公路建设项目可能在设计技术标准、工程内容、环境敏感区等多个指标上发生变更,绝大多数指标可以通过查询并对比变更前后的公路设计资料,界定公路建设项目是否发生了重大变更。其中,路线的摆动(横向位移)也属于一种工程变更,但是摆动距离以及摆动路段长度无法简单测量和计算,需要借助 GIS 技术。一般情况下,我们认为线路横向位移超出 200m 的累计长度大于原路线长度的 30% 就算重大变更,否则属于非重大变更。我们通过一个案例,介绍自动计算线路横向位移超过 200m 的累积长度占原路线长度的百分比的方法。

如图 1-2-17 所示,施工阶段实际建设公路长约 120km,建设地点、路线长度、主要技术指标、主要控制点以及线路走向与工可阶段基本一致,唯有路线摆动较大。虽然路线所在的走廊带没有变化(山地地形),但是实际建设线位和工可阶段线位几乎没有重合之处;庆幸的是,大部分的摆动幅度较小,只有少数几处摆动较大。

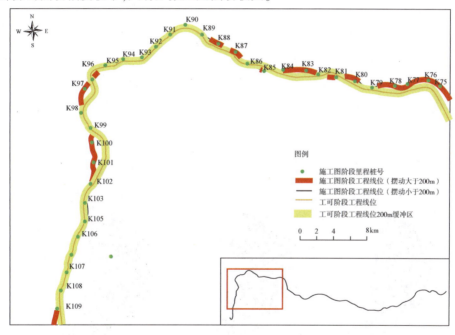

图 1-2-17 公路工程施工阶段相对工可阶段线位摆动自动识别(右下角为整条路线示意)

首先,将工可阶段公路工程线位(以下简称"工可路线")和施工图阶段公路工程线位(以下简称"施工路线")矢量数据叠加(即在 ArcMAP 中加载);然后,用 ArcToolbox 工具箱中的 Analysis Tools 中的 Buffer 工具,生成工可路线两侧 200m 的缓冲区;再次,用 ArcToolbox 工具箱中的 Analysis Tools 中的 Erase 工具,分别选择施工公路和工可路线 200m 缓冲区作为被擦除对象和擦除范围,即可生成一个只包含施工路线中摆动超过 200m 部分的新的线型矢量文件,如图中红色加粗部分路线;最后,分别给工可路线和施工路线(摆动大于 200m)文件添加一个数值类型的属性字段,通过属性表右键快捷功能菜单中的 Calculate Geometry 功能计算两者的长度,并最终计算出施工线路摆动超过 200m 的累积长度占工可路线长度的百分比。

经过以上步骤后,计算得到该案例线位摆动路段累积长度约 26km,占路线总长度约 22%,线位摆动并未造成工程发生重大变更。经现场踏勘发现,由于路线的摆动导致原先的 91 处噪声敏感点中的 32 处已不在影响范围内,却另外新增了 27 处噪声敏感点。虽然噪声敏感点总体数量变化不大,但是需要设置噪声防治措施的位置发生了明显的变化。

二、缺失桩号补齐

在开展公路环评项目时,有时会因为种种原因使得收集的公路工程资料不完全,造成公路里程桩号缺失或者不够密集的问题,给环境敏感点和环保措施的定位描述造成很大的困扰。例如,公路的起终点桩号已经明确,但是其他桩号缺失;拿到的是 10km 里程桩号间隔的小比例尺图纸,需要加密成 1km 的桩号间隔,提高定位描述精度;工程线位未发生变动,但是桩号重新编排,例如原先整数的里程桩号 K10 变为 K11+200,需要重新定位 K10 的位置。我们通过几个案例,介绍自动补齐缺失桩号的方法及其效果。在这之前,首先需要普及一下"分形"的概念。

1967 年美国《科学》杂志发表了一篇划时代的文章,标题是《英国的海岸线有多长? 统计自相似性与分数维数》,作者芒德勃罗(Benoit B. Mandelbrot)认为无论你做得多么认真细致,你都不可能得到准确答案,因为根本就不会有准确的答案。海岸线是陆地与海洋的交界线,芒德勃罗指出:"事实上任何海岸线在某种意义上都是无穷的长,从另一种意义上说,答案取决于你所用的尺的长度。如果用 1km 的尺子沿海岸测量,那么小于 1km 的那些弯弯曲曲就会被忽略掉;如果用 1m 的尺子去测量,测得的海岸线长就会增加,但是 1m 以下的弯弯曲曲又会被忽略掉;如果用 1cm 的尺子去量,则测得的海岸线又会增加,但那些 1cm 以下的曲折又会被忽略掉。如果让一只蜗牛沿海岸线爬过每一个石子来看,这海岸线必然会长得吓人。"于是,在数学史上,一门独立的学科——分形几何诞生了(图 1-2-18)。

图 1-2-18 英国海岸线的长度测不准现象

海岸线如此,公路也是如此。值得庆幸的是,由于汽车不能无限小且公路存在最小曲率的要求(保障通行安全),不可能存在 1m 的距离内出现 90°直角拐弯的情况。因此,公路的实际长度并非如海岸带那般无穷大。桩号 K1 和 K2 之间的间距是 1km, 在不同的比例尺（1∶1万、1∶5万、1∶10万等）的图纸上去量,由于细节的程度不同,实际长度不同;比例尺越大,细节保留得越多,图纸上测量的结果越接近真实值。自动补齐缺失桩号的方法建立在一个假设的基础上:在同一个比例尺的图件中,不同路段的细节保留程度是相同的。例如,1km 的实际长度,在图纸上量得的距离是 0.9km,细节保留程度是 90%;假设不同部位的图纸测量长度和实际长度的比值都是 0.9,那么自动补齐缺失桩号方法如图 1-2-19 所示。

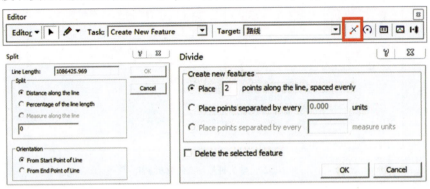

图 1-2-19 缺失桩号补齐需要使用的 ArcMAP 中的手动打断(Split Tool)、设定打断(Split)、等分(Divide)工具

首先,利用 ArcMAP 的 Editor 工具条中的手动打断工具(Split Tool),将公路线位在两个已知桩号处打断,如果已知桩号位于线的端点则无需打断。其次,计算两个已知桩号间的公路的长度(相当于图纸测量长度),得到细节保留程度的数值,使得后续所有的图上测量长度都能够换算成实际长度。然后,利用 ArcMAP 的 Editor 工具条中的设定打断工具(Split),将公路在整数桩号处打断,如果已知桩号已经是整数桩号则无需打断。例如已知桩号是 K1+100 和 K22+300,需要补齐的桩号间隔是 5km,那么就需要在 K5 和 K20 处将公路打断(需要根据细节保留程度换算)。最后,利用 ArcMAP 的 Editor 工具条中的等分工具(Divide),在两个整数桩号间内插桩号,例如 K5 和 K20 之间设定 2 个等分点即可得到 K10 和 K15,设定 14 个等分点即可得到 K6~K19(1km 间隔)。需要注意的是,这个时候 Editor 工具条中的编辑对象必须设定为桩号文件,如果仍然是公路线位文件,则等分结果是将公路线位等分地打断,而非生成等间隔的桩号。

图 1-2-20 是缺失桩号补齐的成功案例。该公路线位直接来自 1∶1 万比例尺的 CAD 矢量数据,已知起点桩号 K31,终点桩号小于 K135 且非整数,中间分布 5km 间隔的里程桩号。我们在 K31 与 K130 之间通过缺失桩号自动补齐的方法添加 1km 间隔的里程桩号。结果表明,自动添加的 5km 桩号和已知的 5km 桩号十分吻合,平均绝对偏差约 9m,间接证明了自动添加补齐的 1km 桩号的准确性。

图 1-2-21 是缺失桩号补齐的失败案例。该公路通过 1∶10 万比例尺的 JPG 格式的平纵缩图手动矢量化得到,已知 5km 间隔的里程桩号。我们在 K175 与 K240 之间通过缺失桩号自动补齐的方法添加 1km 间隔的里程桩号。结果表明,自动添加的 5km 桩号和已知的 5km 桩号吻合效果良莠不齐,平均绝对偏差约 200m,间接证明了该案例不同路段的细节保留程度差别较大。

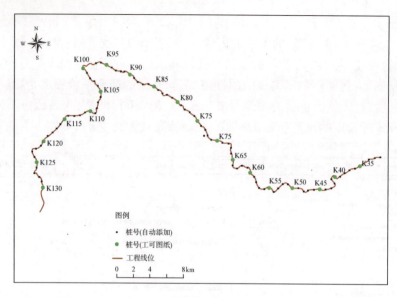

图 1-2-20　缺失桩号补齐的成功案例

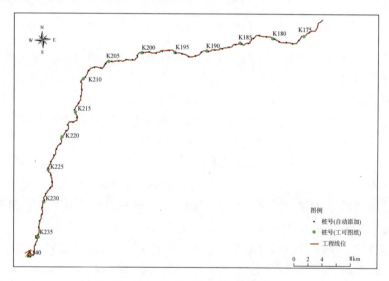

图 1-2-21　缺失桩号补齐的失败案例

本篇参考文献

[1] 徐建军. 基于 GIS 和 RS 的生态环境影响评价研究[D]. 上海：华中师范大学，2008.
[2] 窦宏江. 基于 GIS 方法对延长石油装备制造项目环境影响评价研究[D]. 西安：西安石油大学，2011.
[3] 黄杏元，马劲松，汤勤. 地理信息系统概论[M]. 北京：高等教育出版社，2001.
[4] 陈述彭，鲁学军，周成虎. 地理信息系统导论[M]. 北京：科学出版社，1999.
[5] 中华人民共和国行业标准. HJ 19—2011　环境影响评价技术导则　生态影响[S]. 北京：中国环境科学出版社，2011.

[6] 中华人民共和国行业标准. JTG B03—2006 公路建设项目环境影响评价规范[S]. 北京：人民交通出版社, 2006.

[7] 沈寒, 唐平英. GIS技术在公路环境影响评价中的应用[J]. 公路与汽运, 2006, (3)：50-52.

[8] 张晓峰, 王洁. 公路网规划环境影响评价方法研究[C]. 全国规划环境影响评价技术与管理优秀论文集. 2007.

[9] 胡孟春, 马荣华, 唐晓燕, 等. 江苏规划高速公路网生态环境影响研究[J]. 农村生态环境, 2005, 21(4)：1-5.

[10] www.google.cn/maps.

第二篇 遥感技术

第一章 概　述

第一节　遥感技术(RS)基本原理

一、遥感技术的概念

人类靠身体的感官感知外界事物,通过大脑加工认识外界事物,眼睛看物体、耳朵听声音、皮肤知冷暖。但是人的感官是有限度的,如白天看一个人,10m可以看得清楚;100m就感到模糊;1000m则几乎辨不清了。随着科学技术的发展,电磁波延长了人类的感知距离,于是产生了遥感。

遥感即"遥远的感知(Remote Sensing)",字面上理解就是远距离不接触"物体"而获得其信息。广义的遥感泛指一切无接触的远距离探测,包括对电磁场、力场、机械波(如声波、地震波)等的探测(如肉眼、相机、声级计、声纳、重力仪等),只是因为广义的遥感在现实中的应用门类太多,涉及专业太杂,以至于人们通常不会用"遥感"这一词去归类那么庞杂的内容。

遥感的核心思想是"不接触就能够探测",其优点是快速、方便,能够探测的感兴趣物体越远、范围越大,其优势越明显。因此,狭义的遥感一般特指20世纪60年代发展起来的高空对地观测技术,即不直接接触目标,从远离地面的不同工作平台上(如高塔、气球、飞机、火箭、人造地球卫星、宇宙飞船、航天飞机等)通过传感器接收来自目标地物的电磁波信息,并经过对信息的处理与分析,判别出目标地物的几何、物理性质和相互关系以及变化规律等有关特征的综合性探测技术[1]。本书中我们用到的"遥感"一词特指狭义的遥感定义。

遥感技术是由遥感器、遥感平台、信息传输设备、接收装置以及图像处理设备等组成(图2-1-1)。遥感器装在遥感平台上,是遥感系统的重要设备,它可以是照相机、多光谱扫描仪、微波辐射计或合成孔径雷达等。信息传输设备是飞行器和地面间传递信息的工具。图像处理设备对地面接收到的遥感图像信息进行处理(如几何校正、滤波等),以获取反映地物性质和状态的信息。

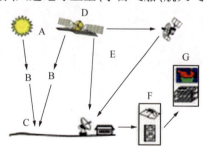

图2-1-1　遥感过程——以常见的被动式光学遥感技术为例

A-能量源;B-能量穿过大气量;C-能量被地球表面吸收或反射;D-数据被传感器获取;E-数据回传和接收;F-数据分析和处理;G-遥感产品

二、遥感技术的分类

按搭载传感器的遥感平台,可以将遥感分类为:①地面遥感,即把传感器设置在地面平台上,如车载、船载、手提、固定或活动高架平台等;②航空遥感,即把传感器设置在航空器上,如气球、航模、飞机及其他航空器等;③航天遥感,即把传感器设置在航天器上,如人造卫星、宇宙飞船、空间实验室等。

按传感器的工作方式(图 2-1-2),可以将遥感分类为:①主动式遥感,即由传感器主动地向被探测的目标物发射一定波长的电磁波,然后接收并记录从目标物反射回来的电磁波,如通过侧扫成像的雷达和激光雷达;②被动式遥感,即传感器不向被探测的目标物发射电磁波,而是直接接收并记录目标物反射太阳辐射或目标物自身发射的电磁波,如通过摄影成像或者扫描成像的多光谱、高光谱等光学遥感技术[2]。

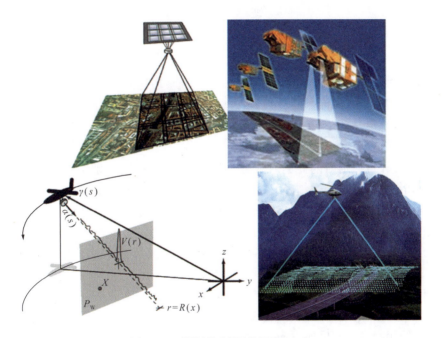

图 2-1-2　不同的传感器的数据采集方式

按传感器的工作波段(图 2-1-3),可以将遥感分类为:①紫外遥感,其探测波段为 0.3~0.38μm,主要用于碳酸盐岩分布、油污染监测等;②可见光遥感,其探测波段为 0.38~0.76μm,因其可被人眼直接感知,是遥感中最常用的波段;③红外遥感,其探测波段为 0.76~14μm,近红外波段主要用于植被遥感,远红外波段(又称热红外)主要用于探测温度;④多光谱遥感,其探测波段在可见光与红外波段范围之内,几乎是对地观测卫星中的"标准配置";⑤微波遥感,其探测波段在 1mm~1m,由于波长较长,能穿透云、雾而不受天气影响,实现全天候、全天时对地观测。

按遥感应用的领域,从大的研究领域可将遥感分为大气层遥感、陆地遥感、海洋遥感等;从具体应用领域可将遥感分为资源遥感、环境遥感、农业遥感、林业遥感、渔业遥感、地质遥感、气象遥感、水文遥感、城市遥感、工程遥感、灾害遥感、军事遥感等。

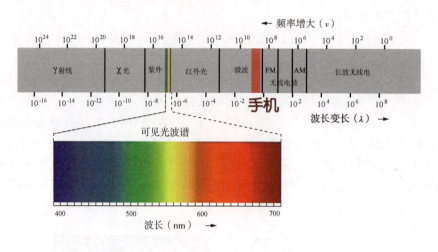

图 2-1-3　电磁波波谱

三、遥感分辨率

遥感分辨率共有 4 种分辨率，分别为光谱分辨率（也称波谱分辨率）、空间分辨率、辐射分辨率和时间分辨率。

1.光谱分辨率

传感器在接收目标辐射的光谱时能分辨的最小波长间隔，一般分为全色光谱（黑白光谱）、多光谱和高光谱。多光谱一般只有几个、十几个光谱通道；高光谱有多达几十个甚至上百个通道。一般地，光谱通道越多，其分辨物体的能力越强。

2.空间分辨率

像素所代表的地面范围的大小，即扫描仪的瞬时视场或是地面物体能分辨的最小单元。

3.辐射分辨率

辐射分辨率是指遥感器能分辨的目标反射或辐射的电磁辐射强度的最小变化量。在可见、近红外波段用噪声等效反射率表示，在热红外波段用噪声等效温差、最小可探测温差和最小可分辨温差表示。

4.时间分辨率

时间分辨率是指地球上某一点卫星过境探测间距的时间，即多少时间可以重复获得一次新的信息，它对分析地物动态变迁、监测环境具有重要的作用。在农业遥感应用上，用于进行作物长势动态、灾害等地表变化快的监测，应使用时间分辨率高的观测资料。

四、遥感技术的特点

遥感作为一门对地观测综合性技术，它的出现和发展既是人们认识和探索自然界的客观需要，更有其他技术手段与之无法比拟的特点。遥感技术的特点归结起来主要有以下 4 个方面。

1.探测范围广，采集数据快

遥感探测能在较短的时间内，从空中乃至宇宙空间对大范围地区进行对地观测，从中获取有价值的遥感数据,且不受地面条件限制。例如,最常用的美国陆地卫星 Landsat TM/ETM 的轨道高度近 700km,一张陆地卫星图像覆盖面积多达 3 万 km^2。这些数据拓展了人们的视觉空间,为宏观掌握地面事物的现状情况创造了极为有利的条件,同时也为宏观研究自然现象和规律提供了宝贵的第一手资料。这种先进的技术手段与传统的手工作业相比是不可替代的。

2.获取信息的手段多

根据不同的任务,遥感技术可选用不同波段和遥感仪器来获取信息。例如可采用可见光探测物体,也可采用紫外线、红外线和微波探测物体。利用不同波段对物体不同的穿透性,还可获取地物内部信息。例如,地面深层、水的下层、冰层下的水体、沙漠下面的地物特性等,微波波段还可以全天候地工作。

3.能动态反映地面事物的变化

遥感探测能周期性、重复地对同一地区进行对地观测,这有助于人们通过所获取的遥感数据,发现并动态地跟踪地球上许多事物的变化。尤其是在监视天气状况、自然灾害、环境污染甚至军事目标等方面,遥感的运用就显得格外重要。例如,美国陆地卫星 Landsat TM/ETM 每 16d 可覆盖地球一遍,NOAA 气象卫星每天能收到两次图像。

4.获取的数据具有综合性

遥感探测所获取的是同一时段、覆盖大范围地区的遥感数据,这些数据综合地展现了地球上许多自然与人文现象,宏观地反映了地球上各种事物的形态与分布,真实地体现了地质、地貌、土壤、植被、水文、人工构筑物等地物的特征,全面地揭示了地理事物之间的关联性,并且这些数据在时间上具有相同的现实性。

五、遥感技术的发展趋势

遥感是在 20 世纪 30 年代航空摄影与制图的基础上,伴随电子计算机技术、空间及环境科学的进步,于 60 年代蓬勃兴起的综合性信息科学与技术,是对地观测的一种新的先进手段。

1858 年,G.F.Tournachon 用系留气球拍摄了法国巴黎的"鸟瞰"照片;1860 年,J.W.Black 与 S.King 乘气球升空至 603m 成功地拍摄了美国波士顿的照片;1903 年,J.Nenbmnner 设计了一种捆绑在飞鸽身上的微型相机。这些试验性的高空摄影为后来的遥感技术打下了基础。同年,莱特兄弟发明了飞机,促生了航空遥感技术。

1957 年,苏联第一颗人造地球卫星的发射成功,标志着人类对空间观测地球和探索宇宙的奥秘进入了新的纪元。1959 年,美国发射的"先驱者 2 号"探测器拍摄了地球云图,同年苏联的"月球 3 号"探测器拍摄了月球背面的照片。真正地从航天器上对地球进行长期观测是从 1960 年美国发射 TIROS-1 和 NOAA-1 太阳同步气象卫星开始的,航天遥感技术从此诞生。

1972 年 ERTS-1(地球资源技术卫星,后更名为 Landsat-1)发射,装有 MSS 传感器,分辨率达 79m;1982 年 Landsat-4 发射,装有 TM 传感器,分辨率达 30m;1986 年 SPOT-1 发射,装有 PAN 和 XS 传感器,分辨率提高到 10m;1991 年 ERS-1 发射,装有 SAR 传感器(合成孔径雷达),标志着星载雷达遥感技术的诞生;1999 年 IKONOS 发射,分辨率提高到 1m,标志着高分辨率卫星遥感影像的诞生。

目前，遥感技术已广泛应用于农业、林业、地质、海洋、气象、水文、军事、环保等领域。在未来，遥感技术将步入一个能快速、及时提供多种对地观测数据的新阶段。遥感图像的空间分辨率、光谱分辨率和时间分辨率都会有极大的提高，其应用领域随着空间技术发展，尤其是地理信息系统和全球定位系统技术的发展及相互渗透，将会越来越广泛。

第二节　多光谱遥感技术

一、多光谱遥感技术概述

多光谱遥感技术，是将地物反射或发射的电磁波分割成若干个较窄的光谱段，以摄影或扫描的方式，在同一个时间获得同一目标不同波段信息的遥感技术。其原理是因为不同的地物具有不同的太阳光反射特征，利用反射特征的差别可以从遥感影像中实现地物的分类判别。

相比灰色的全色遥感影像，多光谱遥感影像不仅能够提供地物的纹理、形态等信息，还可以根据光谱特性的差异判别地物，比全色遥感影像拥有更丰富的信息量。相比高光谱遥感影像，多光谱遥感影像数据量和冗余量小得多，前者一般是在区分相似度极高的地物时才会使用。在所有的民用遥感技术中，多光谱遥感技术是最常用、最大众、最易用的遥感技术。

我们常说的多光谱是指蓝、绿、红、近红外等波段，前3个波段是在可见光范围内，而近红外波段主要是配合红色波段用于植物观测。通过对以上不同地物的太阳光反射光谱来看（图2-1-4），植物存在红色吸收、近红外强烈反射的特征，积雪在可见光波段存在强烈反射，湿地因为富含水在各个波段都强烈吸收，而沙漠在黄色波段反射最强，这些特征对我们判读影像很重要，因为地表特征无非两种——自然的和人工的。这就是当今主流的高分辨率多光谱卫星传感器搭载蓝、绿、红和近红外4个多光谱波段相机的原因。

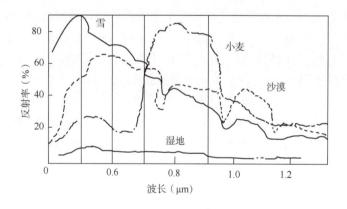

图2-1-4　不同地物的太阳光反射光谱

本篇其余部分所提到的各种遥感技术及应用案例，都是基于多光谱卫星遥感影像的遥感技术及应用案例，不涉及其他诸如雷达、高光谱等遥感技术。

二、国际多光谱遥感卫星发展史

美国国家航天局(NASA)启动了陆地观测卫星系统 Landsat(Land Observation Satellite)计划,从 1972 年 7 月 23 日以来,已相继发射 8 颗(第 6 颗发射失败),卫星的轨道设计为与太阳同步的近极地圆形轨道,以确保北半球中纬度地区获得中等太阳高度角(25°~30°)的午前成像,而且卫星以同一地方时、同一方向通过同一地点,保证遥感观测条件的基本一致,利于图像的对比分析。影像幅宽 185km,轨道周期 16d。

Landsat 的 1、2、3 星采用多光谱扫描仪 MSS(Multi Spectral Scanner),包括绿色、红色、近红外-1、近红外-2 共 4 个光谱段,几何分辨率 80m,于 1978 年、1982 年和 1983 年相继退役。1982 年和 1984 年发射的 Landsat-4 与 Landsat-5,增加了专题制图仪 TM(Thematic Mapper),其几何分辨率提高到 30m;1999 年发射的 Landsat-7,装备有加强型多光谱扫描仪 ETM+(Enhanced Thematic Mapper Plus),其全色波段几何分辨率达到 15m,辐射分辨率也有所提高。Landsat-4 早已失效,Landsat-7 在 2003 年出现问题。Landsat-5 则超期服役至 2013 年,造就了美国卫星计划中的奇迹,连续工作了近 30 年之久而获吉尼斯世界纪录。Landsat-8 于 2013 年 2 月 11 日从加州万登伯格空军基地成功发射升空,为走过了 40 年辉煌岁月的 Landsat 计划重新注入新鲜血液,搭载的 OLI 陆地成像仪增加波段至 9 个。

1986 年以来,法国先后发射了 SPOT 1-4 对地观测卫星。SPOT 1-3 采用 832km 高度的太阳同步轨道,轨道重复周期为 26d。卫星上装有两台高分辨率可见光相机(HRV),可获取 10m 分辨率的全色遥感数据以及 20m 分辨率的三谱段多光谱遥感数据。该传感器具有摆动观测能力,侧视角达±27°,同时还可进行立体观测。SPOT-4 卫星遥感器增加了新的中红外谱段,可用于估测植物水分,增强对植物的分类识别能力,并有助于冰雪探测。该卫星还装载了一个植被仪,可连续监测植被情况。2002 年 5 月 4 日又发射了 SPOT5,全色波段几何分辨率达到 2.5m。

1999 年 9 月,美国 Spaceimage 公司发射了 IKONOS 高分辨率商用卫星,卫星飞行高度 680km,每天绕地球 14 圈,相机的扫描宽度为 11km,可采集 1m 分辨率的全色影像和 4m 分辨率的多波段(红、绿、蓝、近红外)影像。2001 年 10 月 18 日,美国 Digital Globe 公司的 QuickBird 卫星成功发射,它是当时世界上空间分辨率较高的商用遥感卫星。QuickBird 数据空间分辨率全色波段 0.61m,多光谱 2.44m,成像幅宽 16.5km,在没有地面控制点的情况下,地面定位精度可达 23m。

2003 年 10 月 17 日,印度空间发射中心成功发射了 RESOURCESAT-1(IRS-P6)卫星。RESOURCESAT-1 星上携带 3 个传感器:多光谱传感器 LISS4 和 LISS3,以及高级广角传感器 AWIFS。LISS3 传感器具有 4 个光谱波段分别位于可见光、近红外与短波红外区域,景宽 141km,空间分辨率为 23m。

2004 年 5 月 21 日,台湾"福卫 2 号"卫星(ROCSAT-2)在美国西南边范登堡(Vandenberg)顺利发射升空。"福卫 2 号"卫星是一颗高分辨率遥感卫星,卫星载有对地观测相机与"高空大气闪电影像仪"(ISUAL),可获得全色影像分辨率 2m,多光谱影像分辨率 8m,影像仪有 24~62km 的成像带宽和 45°侧摆角的成像能力。该卫星每天绕地球飞行 14 圈。卫星还可以通过改变卫星的前后仰角,进行立体摄影。

2006年1月24日，日本发射了对地观测卫星ALOS(Advanced Land Observing Satellite)，它是JERS-1与ADEOS的后继星，采用了先进的陆地观测技术，能够获取全球高分辨率陆地观测数据，主要应用目标为测绘、国土资源监测、环境观测、灾害监测、森林资源调查等领域。ALOS卫星载有3个传感器：全色遥感立体测绘仪(PRISM)，主要用于数字高程测绘；先进可见光与近红外辐射计-2(AVNIR-2)，用于精确陆地观测；相控阵型L波段合成孔径雷达(PALSAR)，用于全天时全天候陆地观测。全色遥感立体测绘仪(PRISM)获取的影像空间分辨率达到了2.5m。

2007年9月18日，美国Digital Globe公司的WorldView-1卫星在范登堡空军基地发射成功。该星由ITT公司提供与Ball航空科技公司联合制造的传感器，提供全色亚米级(0.5m)分辨率立体影像，其重访周期为1.7d。

2008年8月29日，RapidEye卫星成功发射，RapidEye由5颗卫星组成，位于630km的高空，每颗卫星绕地球一圈约110min，每颗卫星间隔18min，日覆盖范围达400万km²以上。RapidEye卫星具有较高的空间分辨率和丰富的多光谱信息，其空间分辨率为6.5m(星下点)，包括蓝、绿、红、红边和近红外5个光谱波段，是第一个提供红边波段的商业卫星，该波段可监测植被变化，为土地分类和植被生长状态监测提供丰富的监测信息。

2008年9月6日，美国GeoEye公司的GeoEye-1卫星发射成功并投入运营，卫星设计寿命为7年。GeoEye-1卫星设计使用的是最高精度的恒星定位仪、最高精度的GPS接收机以及最高精度的惯导陀螺仪，其全色影像空间分辨率高达0.41m，多光谱影像空间分辨率达1.65m，是目前全球最高分辨率的商业光学卫星影像。它具有轨道精度高、地理定位精度高、分辨率高、影像解析度高的特点。目前，GeoEye公司已经开始投入研制GeoEye-2卫星。

2009年10月9日，DigitalGlobe公司的WorldView-2卫星在加利福尼亚州范登堡空军基地成功发射，该卫星能提供0.5m分辨率的全色和1.8m分辨率的多光谱影像，它为全球带来更快捷、更精确、更大容量及更多波段扫描能力的卓越商业卫星服务。

三、我国多光谱遥感卫星发展史

近30年来，我国在对地观测领域取得了巨大成就，成功发射了气象、陆地、海洋、测绘4大类卫星，在这里我们着重介绍陆地卫星(基本都搭载了多光谱传感器)的发展史，主要包括资源卫星系列、环境卫星系列和高分卫星系列[3]。

1999年10月，中巴地球资源卫星CBERS-01(资源一号)成功发射，搭载多波段CCD相机。2003年10月，CBERS-02卫星接替运行，传感器分辨率和成像质量有了较大提高。2007年9月发射的CBERS-02B卫星，开始搭载高分辨率光学相机(HR)。2011年12月，成功发射了资源一号02C卫星ZY-1-02C，10m分辨率的P/MS多光谱相机是当时我国民用遥感卫星中最高分辨率的多光谱相机，两台2.36m分辨率HR相机使数据的幅宽达到54km，从而使数据覆盖能力大幅增加，使重访周期大大缩短。2012年1月，成功发射了资源三号卫星ZY-3，不仅搭载了6m分辨率的多光谱相机，还搭载了前、后、正视HR相机，填补了我国卫星立体测图这一领域的空白。

2008年9月，我国成功地用"一箭双星"的方式把环境与灾害监测预报小卫星A、B

星(HJ-1A/B)送入太空,实现了对我国国土观测单星 4d 全覆盖、双星 2d 全覆盖的目标。环境与灾害监测预报小卫星星座(4 颗光学卫星和 4 颗雷达卫星,4+4 模式)建成后,将广泛服务于环境与自然灾害监测,其突出优点是大范围、全天时、全天候动态监测。

2013 年 4 月,我国成功发射了高分一号卫星 GF-1,是我国高分辨率对地观测系统的第一颗卫星,搭载了 2 台 2m 分辨率全色、2 台 8m 分辨率多光谱相机、4 台 16m 分辨率多光谱相机。GF-1 突破了高空间分辨率、多光谱与宽覆盖相结合的光学遥感等关键技术,设计寿命 5~8 年。2014 年 8 月,高分二号卫星 GF-2 升空,其空间分辨率优于 1m,同时还具有高辐射精度、高定位精度和快速姿态机动能力等特点,标志着我国遥感卫星进入亚米级"高分时代"。

四、常用的数据源

前面介绍了多光谱遥感技术的国内外发展史,包括了中、高分辨率的已经退役的和仍在服役的多颗卫星,这里我们介绍典型、常用、现役的国内外多光谱遥感卫星数据(国外、国内的中分辨率、高分辨率卫星各一颗)。

1.Landsat-8 中分辨率多光谱遥感影像

Landsat-8 卫星的太阳同步轨道(图 2-1-5)、过赤道时间(当地上午 10 点)、幅宽(185km)、重放周期(16d)与之前的 Landsat-4~Landsat7 卫星基本相同,不同的是搭载了更加先进的陆地成像仪 OLI 和热红外传感器 TIRS(表 2-1-1)。

图 2-1-5　Landsat-8 卫星在中国地区的轨道号

Landsat-8 卫星各波段的名称与用途　　　　　　　　　　表 2-1-1

波段 No	波段名称	波长范围（μm）	数据用途	GSD 地面采样距离(m)	辐射率（W·m^{-2}sr^{-1}·m^{-3}）典型	SAB（典型）
1	New Deep Blue	433~453	海岸区气溶胶	30	40	130
2	Blue	450~515	基色/散射/海岸	—	40	130
3	Green	525~600	基色/海岸	—	30	100
4	Red	630~680	基色/海岸	30(TM 传统波段)	22	90
5	NIR	845~885	植物/海岸	—	14	90
6	SWIR2	1560~1660	植物	—	4.0	100
7	SWIR3	2100~2300	矿物/干草/无散射	—	1.7	100
8	PAN	500~680	图像锐化	15	23	80
9	SWIR	1360~1390	卷云测定	30	6.0	130
10	TIR	10300~11300	地表温度	100	—	—
11	TIR	11500~12500	地表温度	100	—	—

Landsat-8 包括其他 Landsat 系列卫星的历史数据都可免费下载，下载网址有两个：一个是美国地质调查局官网 glovis.usgs.gov；另一个是国内的中国科学院计算机网络信息中心的科学数据中心网站 www.gscloud.cn。前者数据较全，缺点是国内用户下载的网速较慢；后者数据不如前者全面，优点是国内用户下载速度较快。

2.HJ-1A/B 中分辨率多光谱遥感影像

HJ-1A/B 卫星是准太阳同步圆轨道，获取影像时间是当地时间上午 10:30，A 星和 B 星轨道完全相同，相位相差 180°。两颗卫星都搭载有两个完全相同设计的 CCD 相机（表 2-1-2），以星下点对称放置，平分视场、并行观测，联合完成对地刈幅宽度为 700km、地面像元分辨率为 30m、4 个谱段的推扫成像（图 2-1-6）。

HJ-1A/B 卫星主要荷载参数　　　　　　　　　　表 2-1-2

平台	有效荷载	波段	光谱范围（μm）	空间分辨率（m）	幅宽（km）	侧摆能力	重访时间（d）	数传数据率（Mbps）
HJ-1A 型	CCD 相机	1	0.43~0.52	30	360(单台)，700(两台)	—	4	120
		2	0.52~0.60	30				
		3	0.63~0.69	30				
		4	0.76~0.90	30				
	高光谱成像仪	—	0.45~0.95（110~128 个谱段）	100	50	±30°	4	
HJ-1B 型	CCD 相机	1	0.43~0.52	30	360(单台)，700(两台)	—	4	60
		2	0.52~0.60	30				
		3	0.63~0.69	30				
		4	0.76~0.90	30				
	红外多光谱相机	5	0.75~1.10	150（近红外）	720	—	4	
		6	1.55~1.75					
		7	3.50~3.90					
		8	10.5~12.5	300(10.5~12.5μm)				

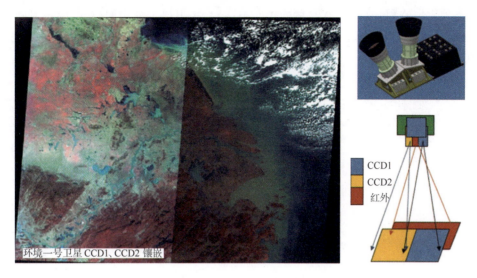

图 2-1-6　HJ-1A/B 卫星搭载的宽覆盖多光谱 CCD 相机

HJ-1A/B 卫星的数据可以免费下载，下载网址是中国资源卫星应用中心的网站 www.cresda.com/n16/index.html。

3.QuickBird 高分辨率多光谱遥感影像

QuickBird 卫星于 2001 年 10 月由美国 DigitalGlobe 公司发射，具有引领行业的地理定位精度，海量星上存储，单景影像比同时期其他的商业高分辨率卫星高出 2~10 倍（表 2-1-3）。单景影像幅宽 16.5km，每次过顶可以连续拍摄 10 景图像（165km 长）或者 2×2 景图像的面积，重访周期 1~6d（取决于纬度高低）。

QuickBird 卫星分辨率与波段设置　　　　表 2-1-3

	全 色 波 段	多 光 谱
分辨率	0.61m（星下点）	2.44m（星下点）
波长	450~900nm	蓝：450~520nm
		绿：520~660nm
		红：630~690nm
		近红外：760~900nm

QuickBird 卫星系统每年能采集 75000000km^2 的卫星影像数据，存档数据每天以史无前例的速度在递增。QuickBird 是商业卫星，可以通过其国内的代理公司购买影像数据；如果对影像的获取时间要求不高且不需要近红外波段，也可以在免费的虚拟地球仪软件 Google Earth 中浏览 QuickBird 历史存档数据。

4.ZY-1-02C 高分辨率多光谱遥感影像

ZY-1-02C 卫星是一颗填补了我国国内高分辨率遥感数据空白的卫星，装有全色多光谱相机和全色高分辨率相机（表 2-1-4），主要任务是获取全色和多光谱图像数据，用于国土资源调查与灾情监测。ZY-1-02C 的轨道与 HJ-1A/B 卫星十分相似,获取影像时间是当地时间上午 10:30;两台分辨率为 2.36m 的 HR 相机,也是通过双拼的方式达到 54km 的幅宽。搭载的全色及多光谱相机分辨率分别为 5m 和 10m,幅宽为 60km。

ZY-1-02C 卫星主要荷载参数　　　　表 2-1-4

参　数		P/MS 相机	HR 相 机
光谱范围	全色	B1:0.51~0.85μm	0.50~0.80μm
	多光谱	B2:0.52~0.59μm	
		B3:0.63~0.69μm	
		B4:0.77~0.89μm	
空间分辨率	全色	5m	2.36m
	多光谱	10m	
幅宽		60km	单台:27km,两台:54km
侧摆能力		±32°	±25°
重访周期		3~5d	3~5d
覆盖周期		55d	55d

ZY-1-02C 卫星的数据分发政策与我国其他高分辨率卫星(ZY-3、GF-1、GF-2)相同,由中国资源卫星应用中心统一分发。用户可直接购买单景影像,也可以通过申请 CRS 数据服务的方式打包购买,不过申请 CRS 数据服务的用户须为国家事业法人单位或教育科研机构。

第三节　遥感影像预处理与解译

一、常用的遥感软件

在当今遥感图像处理软件中,国际上最通用的主要有 PCI GEOMATICA、ERDAS IMAGINE、ENVI、eCognition 等[5],国内主要有 CASMImageInfo、Titan Image 等。总体上,国外软件的功能相对强大一些,但界面不太适合国人的习惯,坐标系缺少国内通用的北京/西安坐标系,价格较昂贵;国产软件具有界面友好、价格便宜、容易掌握等特点,但相比之下功能有待于进一步完善。

1.PCI GEOMATICA

PCI GEOMATICA 是 PCI 公司将其旗下的 4 个主要产品系列,也就是 PCI EASI/PACE、(PCI SPANS,PAMAPS)、ACE、ORTHOENGINE,集成到一个具有同一界面、同一使用规则、同一代码库、同一开发环境的一个新产品系列,称为 PCI GEOMATICA。该系列产品在每一级深度层次上,尽可能多地满足该层次用户对遥感影像处理、摄影测量、GIS 空间分析、专业制图功能的需要,而且使用用户可以方便地在同一个应用界面下,完成他们的工作。在这之前，用户需用多个软件来实现，并且需要面对多个软件经销商、多个软件技术支持、多次的培训、对多个软件的维护，以及不得不投入相当大的精力来在多种数据格式间进行数据转换。

2.ERDAS IMAGINE

ERDAS IMAGINE 是美国 ERDAS 公司开发的遥感图像处理系统。它以其先进的图像处理技术，友好、灵活的用户界面和操作方式，面向广阔应用领域的产品模块，服务于不同层次用户的模型开发工具以及高度的 RS/GIS(遥感图像处理和地理信息系统)集成功能，为遥感及相关应用领域的用户提供了内容丰富而功能强大的图像处理工具，代表了遥感图像处理系统未来的发展趋势。该软件功能强大，目前 ERDAS IMAGINE 软件已经成为世界上占最大市场份额的专业遥感图像处理软件。

3.ENVI

完整的遥感图像处理平台 ENVI(The Environment for Visualizing Images)是美国 Exelis Visual Information Solutions 公司的旗舰产品。它是由遥感领域的科学家采用交互式数据语言 IDL(Interactive Data Language)开发的一套功能强大的遥感图像处理软件。它是快速、便捷、准确地从影像中提取信息的首屈一指的软件解决方案。今天，众多的影像分析师和科学家选择 ENVI 来从遥感影像中提取信息。ENVI 已经广泛应用于科研、环境保护、气象、石油矿产勘探、农业、林业、医学、国防和安全、地球科学、公用设施管理、遥感工程、水利、海洋、测绘勘察和城市与区域规划等领域。

4.eCognition

eCognition 是由德国 Definiens Imaging 公司开发的智能化影像分析软件，是目前所有商用遥感软件中第一个基于目标信息的遥感信息提取软件。它采用决策专家系统支持的模糊分类算法，突破了传统商业遥感软件单纯基于光谱信息进行影像分类的局限性，提出了革命性的分类技术——面向对象的分类方法，大大提高了高空间分辨率数据的自动识别精度，有效地满足了科研和工程应用的需求。以单个像素为单位的常规信息提取技术过于着眼于局部而忽略了附近整片图斑的几何结构情况，从而严重制约了信息提取的精度。eCognition 所采用的面向对象的信息提取方法，针对的是对象而不是传统意义上的像素，充分利用了对象信息(色调、形状、纹理、层次)和类间信息(与邻近对象、子对象、父对象的相关特征)。

5.CASMImageInfo

CASM Imageinfo 系统是我国少数几个具有自主知识产权的遥感数据处理软件之一，由中国测绘科学研究院与中国四维测绘技术北京公司联合研究开发。它是一套设计先进、技术含量高、功能实用的平台软件系统，是面向我国遥感应用需求而研制的一套集遥感图像处理、GIS 分析、GPS 等 3S 于一体的多功能遥感数据处理软件，全面提供从基本图像处理到高级遥感处理等一系列功能，是显示、分析并处理多光谱、雷达以及高光谱数据的强大工具，可以成为遥感影像分析处理、遥感数据产品生产的可视化集成环境。该系统研制成功使得我国具有了自主知识产权的大型遥感数据处理软件，从根本上改变了国外软件占据我国大部分市场份额的局面，促进遥感数据处理软件市场的国产化。该软件现已经应用到国土资源部全国土地遥感动态监测等国家项目。该系统在 2003 年 9 月国家科技部组织的国产遥感软件评测中获得第一名,技术水平达到国内领先。

6. Titan Image

Titan Image 是在充分吸收了国内外优秀遥感软件优点的基础上,由北京东方泰坦科技股份有限公司研发的完全自主知识产权的新一代优秀的国产遥感图像处理软件平台,是"国家 863 商用遥感数据处理专项"的重大科技成果的结晶。Titan Image 目前已达到了和国际知名遥感图像处理软件同等技术水平,具有架构先进、全中文交互式操作界面、功能强大、性能稳定、二次开发方便简单等特点。基于 Titan Image 软件的优良表现,该软件被国家多部门多次表彰,并被指定为"国家级重点新产品"。

二、遥感影像预处理

在遥感技术中,遥感影像是信息源,遥感图像处理软件是从信息源中提取感兴趣信息的工具。虽然目前的遥感系统已经十分完善,但是获取的遥感影像仍然带有误差(来自地球和卫星本身)从而降低了遥感数据的质量,并影响随后的遥感应用效果。遥感数据的两种常见误差为辐射误差和几何误差,前者是因为地球、卫星、太阳之间的位置关系及地球大气状况、传感器硬件性能时刻都在变化,传感器接收到的能量不止包含地物反射信息;后者是因为遥感传感器、遥感平台以及地球本身等方面的原因,在遥感成像时会引起难以避免的几何畸变。

遥感影像预处理是遥感应用的第一步,也是非常重要的一步,目的是尽可能地减少遥感影像中的辐射误差和几何误差。辐射校正和几何校正是常见的两个遥感影像预处理过程,大多数的商业化遥感软件都具备这方面的功能。通常情况下,购买或者下载的遥感数据是经过几何粗校正(根据卫星位置、姿态等测量数据以及地球运行规律)且多波段合而为一的文件(不同波段的数据同时获取,辐射误差和几何误差一致),常见的预处理流程如图 2-1-7 所示。

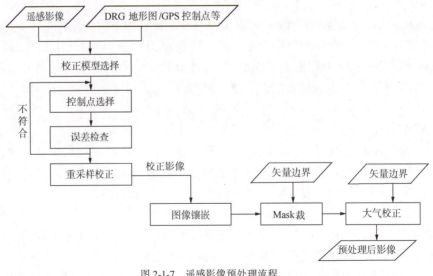

图 2-1-7 遥感影像预处理流程

1. 几何精校正

遥感图像是栅格数据,无论是否有几何误差,数据都是由行列整齐的等间距像元点组成的。由于几何误差,图像中像元点所对应的地面距离并不相等,几何校正的目的就是让所有像元对应的地面距离完全一致,基于图像的几何测量(如位置、面积、体积等)能够直接换算成实际中的大地测量结果。几何误差可以来自于传感器平台本身的高度、姿态等不稳定,也可以是由于地球曲率、空气折射的变化以及地形的变化等。几何精校正是相对几何粗校正而言的,几何粗校正是针对引起误差的原因而进行的校正,校正时只需要将一系列的测量数据带入理论校正公式即可,整个过程和用户关系不大;而几何精校正不考虑畸变的具体原因,利用已知的准确的控制点通过畸变模型来校正,用户需要提供控制点并选择适宜的畸变模型。

GCP(地面控制点)的选取是几何精校正中最重要的一步,可以以地形图(DRG)为参考进行控制选点,也可以野外 GPS 测量获得,或者从其他校正好的影像中获取。选取的控制点在图像上有明显的、清晰的点位标志,如道路交叉点、河流交叉点等,且不随时间而变化。GCP 均匀分布在整幅影像内且要有一定的数量保证,不同畸变模型对控制点个数的需求不相同,复杂的纠正模型要求更多的控制点;另外,困难地区尤其是山区应适当增加控制点。

GCP 确定之后,要在图像与图像或地图上分别读出各个控制点在图像上的像元坐标 (x,y) 及其参考图像或地图上的坐标 (X,Y),选择一个合理的畸变模型,然后用公式计算每个地面控制点的均方根误差(RMS),一般控制在一个像元之内,即 RMS<1。由于用户并不清楚几何误差产生的原因,因此畸变模型可以从简单到复杂这样的顺序来尝试,直至满足控制点的均方根误差要求。

重新定位后的像元在原图像中的分布是不均匀的,即输出图像像元点在输入图像中的行列号不是或不全是正数关系。因此需要根据输出图像上的各像元在输入图像中的位置,对原始图像按一定规则重新采样,进行亮度值的插值计算,建立新的图像矩阵。图像重新采样整个过程由软件完成,用户只需要选择插值的方法即可(最邻近法、双线性内插法和三次卷积内插法)。

当然,几何精校正不能去除地形起伏带来的几何误差,对于平原地区问题不大,对于山区则问题较大,尤其是山区、大宽幅、侧视的影像。这个问题在航空遥感中比较突出,解决这个问题需要额外利用数字高程图开展正射校正,具体原理和过程不再赘述。

2. 镶嵌与裁剪

当研究区超出单幅遥感图像所覆盖的范围时,通常需要将两幅或多幅图像拼接起来形成一幅或一系列覆盖全区的较大的图像。镶嵌的两幅或多幅图像选择相同或相近的成像时间,使得图像的色调保持一致。一般情况下,同一天的同一轨的遥感图像之间色调几乎没有差别(获取的时间间隔以秒计),而不同天或者同一天不同轨的遥感图像之间色调存在差别。当研究区域较小时,可以通过裁剪将研究之外的区域去除,以减少后期遥感应用的工作量。

3. 辐射校正

遥感图像在获取过程中,受到如大气吸收与散射、传感器定标、地形等因素的影响,且它们会随时间的不同而有所差异。因此,在多时相的遥感图像中,除了地物的变化会引起图像中辐射值的变化外,不变的地物在不同时相同像中的辐射值也会有差异。对于遥感解译这种定性的遥感技术来说,辐射校正并非必须,因为同一幅遥感影像汇总的辐射误差是相同的;而对于定量的遥感反演技术以及多时相地物动态监测来说,辐射校正是不同时间结果可比较的重要前提。

与几何校正类似,根据校正的误差来源的不同,辐射校正可以分为辐射定标和大气校正这两个过程。辐射定标是将传感器记录的数字值 DN(Digital Number)转换成绝对辐射亮度(大气外层表面反射率)的过程[6],目的是消除传感器本身产生的误差;大气校正是将表观反射率转换为地表实际反射率,目的是消除大气散射、吸收、反射引起的误差。

辐射校正是消除非地物变化所造成的图像辐射值改变的有效方法,按照校正后的结果可以分为两种,绝对辐射校正方法和相对辐射校正方法。绝对辐射校正方法是将遥感图像的 DN(Digital Number)值转换为真实地表反射率的方法,它需要获取影像过境时的地表测量数据,并考虑地形起伏等因素来校正大气和传感器的影响,因此这类方法一般都很复杂,目前大多数遥感图像都无法满足上述条件。相对辐射校正是将一图像作为参考(或基准)图像,调整另一图像的 DN 值,使得两时相影像上同名的地物具有相同的 DN 值,这个过程也叫多时相遥感图像的光谱归一化。这样我们就可以通过分析不同时相遥感图像上的辐射值差异来实现变化监测。因此,相对辐射校正就是要使相对稳定的同名地物的辐射值在不同时相遥感图像上一致,从而完成地物动态变化的遥感动态监测。

三、遥感解译

遥感解译是从遥感图像上获取目标地物信息的过程,从而知晓有哪些地物类型分布在哪里(地物专题图)。解译人员应熟悉遥感图像的特点、地物波谱和纹理、地面实况,并掌握常用的遥感软件。根据人、机参与程度的不同,遥感解译可以分为全人工的目视解译和人工为辅的计算机解译(分类)两种。

目视解译,是专业人员通过肉眼观察,运用专业背景知识(综合分析、逻辑推理、反复验证),手动把遥感图像中包含的地物信息提取和解析出来的过程。为了保证不同人员之间、同一人员的不同时间之间的解译标准相同,需要建议统一的解译标志,通过色调、形状、大小、阴影、纹理、位置、布局等识别不同的地物。原则上,目视解译过程中要综合多种手段,结合遥感影像、其他参考资料、实地调查互相印证。目视解译的一般顺序是:从已知到未知,先易后难,先山区后平原,先整体后局部,先宏观后微观。

计算机解译[7],是计算机根据遥感图像中像素的相似度来归类的过程,相似度越高的像素越有可能是一类,主要包括监督分类和非监督分类这两种方法(图2-1-8);当然,还有基于知识的分类、面向对象的分类等其他方法,不在此赘述,具体可参考遥感方面的专业书籍。监督分类:首先选择具有代表性的像素作为各个类别的样本,通过样本的特征参数(如像素亮度均值、方差等)"训练"计算机,建立识别各类地物的判别函数,并依此将图像中的所有像素归入已知的类别中。非监督分类:在没有先验类别作为样本的条件下,根据像元间相似度大小进行计算机自动判别归类(无须人为干预),分类后再确定地面类别。监督分类与非监督分类的根本区别在于是否利用训练样本来获取先验的类别知识。

监督分类的优点,是可充分利用分类地区的先验知识,预先确定分类的类别;可控制训练样本的选择,并可通过反复检验训练样本,以提高分类精度(避免分类中的严重错误);可避免非监督分类中对光谱集群组的重新归类。其缺点是,人为主观因素较强;训练样本的选取和评估需花费较多的人力、时间；只能识别训练样本中所定义的类别，对于因训练者不知或因数量太少未被定义的类别，监督分类不能识别，从而影响分类结果（对土地覆盖类型复杂的地区需特别注意）。

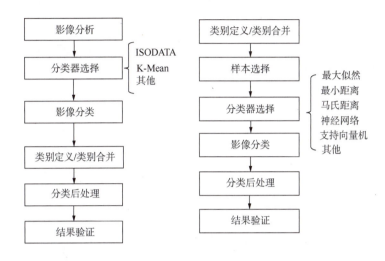

图 2-1-8 非监督分类和监督分类流程

非监督分类的优点，是无需对分类区域有广泛地了解，仅需一定的知识来解释分类出的集群组；人为误差的机会减少，需输入的初始参数较少（往往仅需给出所要分出的集群数量、计算迭代次数、分类误差的阈值等）；可以形成范围很小但具有独特光谱特征的集群，所分的类别比监督分类的类别更均质；独特的、覆盖量小的类别均能够被识别。其缺点是对其结果需进行大量分析及后处理，才能得到可靠分类结果；分类出的集群与地类间，对应或不对应，加上普遍存在的"同物异谱"及"异物同谱"现象，使集群组与类别的匹配难度大；因各类别光谱特征随时间、地形等变化，则不同图像间的光谱集群组无法保持其连续性，难以对比。

四、公路环境影响评价中的遥感解译需求

《环境影响评价技术导则——生态影响》[8]指出，"生态现状调查是生态现状评价、影响预测的基础和依据""生态现状调查应在收集资料基础上开展现场工作"；同时还指出"生态现状评价应采用文字和图件相结合的表现形式"，并规定土地利用现状图是所有三种评价等级中的基本图件，植被类型图是一级评价的基本图件，也是二、三级评价的推荐图件。《公路建设项目环境影响评价规范》[9]要求，"需要进行一级或二级评价的较敏感的工程影响区域，应进行实地调查"，调查内容包括"植被类型及其相应的分布"。

图件可以通过收集已有资料获得，也可以根据现场踏勘自行制作，只要能够表达得准确、清楚（表 2-1-5）。遗憾的是，一般只能搜集到发达城市地区的大比例尺的土地利用现状图，而需要建设公路的往往是在广大的农村以及西部落后地区（城市里的路属于市政道路）；更遗憾的是，最近一次的全国性植被普查[10]已经是近40年前的事情了，而且制成的中国植被图集[11]是 1：1000000 的比例尺，只能用于参考，不能作为评价依据。

生态影响评价图件成图比例规范要求　　　　　表 2-1-5

成图范围		成图比例尺		
		一级评价	二级评价	三级评价
面积	≥100km²	≥1：10万	≥1：10万	≥1：25万
	20~100km²	≥1：5万	≥1：5万	≥1：10万
	2~20km²	≥1：1万	≥1：1万	≥1：2.5万
	≤2km²	≥1：5000	≥1：5000	≥1：1万
长度	≥100km	≥1：25万	≥1：25万	≥1：25万
	50~100km	≥1：10万	≥1：10万	≥1：25万
	10~50km	≥1：5万	≥1：10万	≥1：10万
	≤10km	≥1：1万	≥1：1万	≥1：5万

除了搜集已有资料这种途径以外，需要在涉及区域内展开地毯式普查方能完成这类图件的制作。大范围的普查性质的调查能力，恰恰是遥感技术的长处。《环境影响评价技术导则——生态影响》建议："生态现状调查时，当涉及区域范围较大或主导生态因子的空间等级尺度较大，通过人力踏勘较为困难或难以完成评价时，可采用遥感调查法。遥感调查过程中必须辅助必要的现场勘察工作。"

第二章　公路沿线植被类型遥感调查

植被是地球生态系统存在和发展的基础,发挥着重要的固碳释氧、降温增湿、水土保持等生态作用。公路建设必然对地表植被产生破坏,在设计和施工阶段通过合理的线位比选和环保施工,有助于缓解植被破坏;尤其是我国西北部生态脆弱区域,土壤层较薄,一旦表面植被遭到破坏,极易荒漠化,很难恢复如初。

植被保护的前提是掌握拟建公路路域的植被类型现状,然而通过大量人力普查的植被类型图已经几十年未更新,而且比例尺也无法满足要求。卫星遥感技术具有瞬时获取大范围数据的能力,在宏观生态环境调查上具有无可比拟的优势,可以从最新的卫星遥感数据上通过遥感解译调查公路两侧的植被类型分布情况。

第一节　植被类型遥感调查流程

植被类型遥感调查工作按照先后顺序,可以分为三个阶段:前期准备、现场踏勘和遥感解译[12]。前期准备阶段的特点是只有资料,不熟悉现场,其目标是尽可能地通过这些资料了解现场,做到有准备的现场踏勘;现场踏勘阶段的特点是按图索骥,获得第一手的实际信息,其目的是尽可能地在有限的人力和时间的情况下,为遥感解译阶段获取准确的训练和验证的样本数据;遥感解译阶段的特点是根据前两个阶段的积累,以点及面,其目的是将抽样性质的现场踏勘结果铺展到整个区域,得到普查性质的植被类型图。

一、前期准备

收集整理评价区及邻近地区的现有植被资料,如《中国植被》及当地植被专著等,掌握评价区内植被概况。这一步非常重要,因为遥感解译不仅与遥感数据有关,还与解译人员的植被知识掌握程度有关,例如有的类型的植被喜欢在阴坡,有的喜欢在阳坡,有的只适合南方,有的只适合北方;草原这一大类可以细分成草甸草原、典型草原、荒漠化草原等亚类。只有明白这些植被分布规律,才不会犯张冠李戴的错误。

遥感技术能够根据植被的反射光谱的差异区分不同的植被类型,但是遥感技术不是万能的,能够做到什么程度就与遥感影像的质量及植被的复杂程度密切相关。在前期准备阶段,需要根据公路沿线的植被群落的破碎化程度(与影像空间分辨率有关)、光谱相似程度(与影像光谱分辨率有关)、不同季节的地物物候特征(与遥感影像获取时间有关),并从成本效益角度考虑,选择合适的遥感影像。确定遥感影像后,立即开展初步解译,绘制图像解译草图,分类可以较粗,并允许存在不确定性;即在没有现场踏勘经验的帮助下,根据自己的专业知识和积累的经验(建立各种地物的初步解译标志),识别有把握的地物类型,对没有把握的一些地物进行标注,作为现场踏勘的重点目标。

根据当地的地图(包括网络地图)和 Google Earth 上的高分辨率卫星影像(特别适合广大农村或者西部地区),结合工程可行性研究方案中的设计路线和初步解译的结果,确定现场踏勘的重点区域、路线、沿线地形地貌等。

二、现场踏勘

由于现场踏勘受经费、人力条件等诸多因素的限制,应综合考虑经济、人力条件,设计一个合理、现实的方案,确保能够达到预期的目的。现场踏勘路线尽量利用既有公路,选择离既有公路较近的较均质、面积较大的植物群落做地面样方调查(又称为 GPS 样点),补充、修改解译标志;原则上要求抓大放小,因为面积较小(相对于遥感影像空间分辨率)的植物群落很难在遥感影像上找到样方的对应像素。着重解决疑难和重要类型的解译,其他地区只作少量抽样调查。

GPS 样点是卫星遥感影像判读植被类型的基础,是确定植被类型边界和掌握各类植被波谱特征以区别类型的关键。根据室内判读的植被类型初图,现场核实判读的正误率。并对每个 GPS 点取样作如下纪录:海拔表读出海拔值(注意相应植被类型的垂直变化);记录样点植被类型(群系、群系组或植被亚型),特别是类型发生变化的地方要做准确详细的记录;记录样点优势植物和重要物种,如珍稀濒危植物;拍摄典型植被特征(外貌与结构);在视野广阔清晰之处,拍摄周围植被或景观的照片,GPS 点上作详细的表述,如"上方为马尾松林"、"西面有水田"等。

如果研究区地形复杂,有许多同物异谱现象,为此对每一类型要选取若干 GPS 样点。例如,灌草丛一类,有的生长茂密,有的生长稀疏;有的灌木和草相间生长,有的和树木交错在一起;有的在阳坡,有的在阴坡。再如农田一类,耕作季节不同,栽培种类相应变化;有的长着密的水稻,有的水稻还稀疏并露出部分水面;有的农田在坝上,田埂的面积小到可以忽略不计;有的农田在较陡的坡上,高而倾斜的田埂可能占有很大的面积,甚至 33% 以上。这样一来,每一类型可能需要 4~5 个 GPS 样点甚至更多的样点才能确定。

三、遥感解译

开展全面详细解译,制作植被类型分布专题图。解译过程中需要仔细检验,遥感影像中的光谱特征和现场踏勘经验互相印证。我国植被组成十分丰富,不同地域具有不同的植被类型;我国东西部发展不平衡,原生植被受到破坏的程度也大相径庭。遥感解译的方法和过程因项目而异,下面依托多个不同地域的公路建设工程案例,对此展开详细的介绍。

总的原则是,植被组成单一地区植被破碎化程度较低,可使用中分辨率的卫星影像,采用计算机解译为主、目视解译为辅的遥感解译方法;而植被组成复杂地区植被破碎化程度较高,应使用高分辨率的卫星影像,采用目视解译为主、计算机解译为辅的遥感解译方法。

第二节 植被组成单一地区

一、单时相影像自动分类

依托公路建设项目:辽宁彰武至阿尔乡高速公路,简称"彰阿"高速公路。路线起点位于彰武县城东南部的白山土屯村,与沈阳至彰武高速公路通过铁阜高速公路的彰武东枢纽互通实现贯通,由此向北延伸,止于彰武县阿尔乡镇北辽宁省与内蒙古自治区通辽市的分界处,全长约 56 公里。路线走廊带位于平原地带,推荐路线南半段位于农耕区,北半段位于沙地治理区(部分穿越章古台自然保护区的实验区),其他比较路线或多或穿越章古台自然保护区的核心区和缓冲区,从环境保护的角度直接就否决了比较路线方案。推荐路线在初步设计和施工阶段,要求尽量减少农耕区的耕地占用,特别注重保护沙地治理区的樟子松人工林。

除了农耕区的人工栽培农作物,彰阿高速公路沿线主要植被组成有三种:樟子松人工林、杨树人工林和杂木灌丛。其他非植被的地物有水域、建设用地、沙地。结合实地调查确认,从夏季的遥感影像上(图2-2-1),选择了一些典型地物区域,统计了7种地物(4种植被3种非植被)的光谱特征(图2-2-2),制作了太阳光反射光谱曲线(仅像素的DN值)。植物因

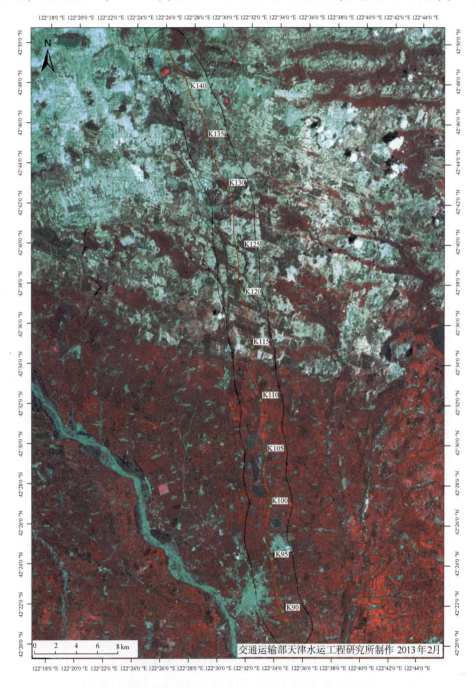

图2-2-1 彰武至阿尔乡高速公路沿线Landsat TM5多光谱影像(2009年7月15日)

光合作用，呈现"红色强烈吸收、近红外强烈反射"的光谱特征，从这种特征来看，人工栽培农作物>杨树人工林>樟子松人工林，这与它们的叶面积指数的大小排序相符。杂木灌丛长势较差，密度稀疏，其光谱特征介乎沙地和植物之间。水体在各波段反射都较弱，沙地在各波段反射都较强，建设用地呈现柏油和水泥的混合光谱特征。

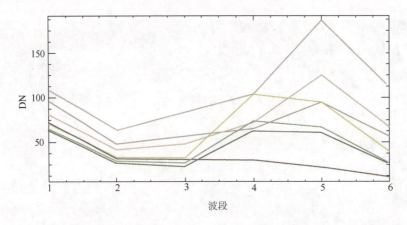

图 2-2-2　彰武至阿尔乡高速公路沿线 Landsat TM5 多光谱影像中的 7 种典型地物光谱特征

注：人工栽培农作物（黄色）、樟子松人工林（墨绿色）、杨树人工林（鲜绿色）和杂木灌丛（土黄色）、水域（蓝色）、建设用地（红色）、沙地（灰色）。X 轴 1～6 分别代表 Landsat TM5 的 1～5,7 波段。

从中可以看出，这 7 种地物的光谱特征差别比较明显，仅仅根据光谱特征就能将它们区分开来。因此，我们采用基于光谱特征的最大似然法分类，分类结果如图 2-2-3 所示。

依托公路建设项目——西藏雄梅至申扎公路。起于西藏申扎县雄梅镇，止于申扎县县城，路线全长近 90km。路线位于藏北羌塘高原中南部，冈底斯山和藏北第二大湖色林错之间，属典型高原湖盆地貌。区内地势较缓，丘陵、高山与盆地相间。丘顶与山地的相对高差一般在 300～500m，坡度较大，有些地表多为风化的冻裂碎石堆和岩屑坡。在盆地低洼处，常漏水成湖且大小不等，河流纵横交错。沿线植被类型有高山草原、荒漠化草原、沼泽草甸等，群落类型主要有紫花针茅群落、紫花针茅—羽柱针茅荒漠化草原、藏北嵩草群落等。从生态角度考虑，水域周边的沼泽草甸生物量最高，应该特别重视避免公路建设对沼泽草甸的破坏。

当地环境几乎未遭受严重的人为破坏，植被类型的分布取决于水热条件。藏北嵩草沼泽草甸分布在常年积水的低洼和河谷附近，植物长势很好，在遥感影像中归一化植被指数 NDVI 较大；紫花针茅—火绒草草原是高寒草甸退化后的荒漠草原，植被长势仍然较好；部分紫花针茅草原长势较差，在遥感影像中 NDVI 很低且分布在坡度较大的蓄水难度较大的区域；紫花针茅、羽柱针茅草原长势较差，分布在冲积扇平原上，主要原因是冲积扇的石砾地蓄水能力比土壤差。低洼处的湖泊和高山顶部的冰川及永久积雪特征比较明显，呈现水的光谱特征，即在红外波段强烈吸收，归一化积雪指数 NDSI 较大。

结合现场调查结果和遥感影像中的辨认结果，总结出各种植被类型之间的可区分特征。利用 Landsat TM5 遥感影像和基于 SRTM 数字高程数据提取的坡度图（图 2-2-4），构建用于基于专家知识分类的决策树，如图 2-2-5 所示。解译结果如图 2-2-6 所示。

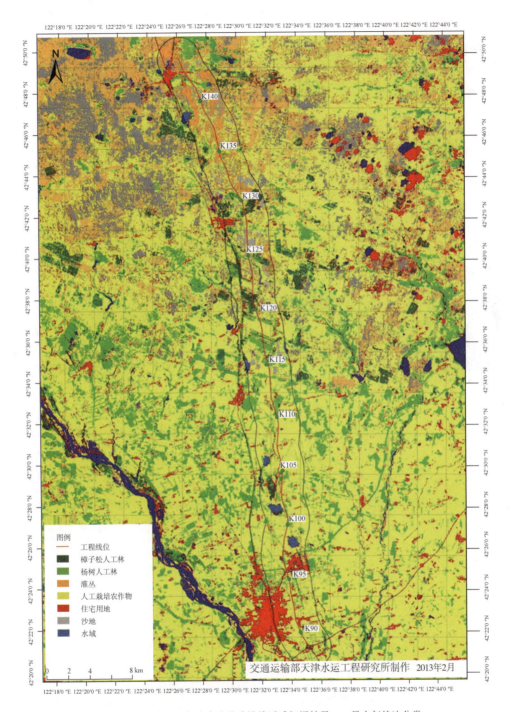

图 2-2-3 彰武至阿尔乡高速公路沿线遥感解译结果——最大似然法分类

二、多时相影像自动分类

之前的单时相遥感影像自动分类案例是基于一个事实,即在某一幅影像(可能需要挑选合适季节的影像)中,地物的光谱或者其他特征差别较明显,自动分类结果比较可靠。但是,

 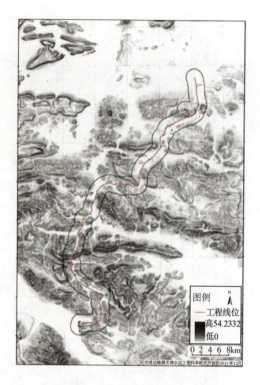

图 2-2-4　雄梅至申扎公路沿线 Landsat TM5 多光谱影像(2007 年 10 月 3 日)及基于 SRTM 数字高程数据提取的坡度图

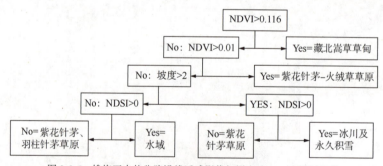

图 2-2-5　雄梅至申扎公路沿线遥感影像解译方法——决策树分类

当地物稍微复杂一些,某些地物之间太阳反射光谱相似程度较高时,仅仅利用一幅影像自动分类得到的结果精度会较低。这时,针对这些地物,可以利用它们在多个时相的影像中的不同表现(物候特征)提高自动分类精度。

依托公路建设项目:辽宁草市至南杂木高速公路,简称"草南"高速公路。路线起于辽宁省与吉林省交界处的抚顺市清原县草市镇,终点位于抚顺市新宾县南杂木镇北省道铁长线(S202)上,在该处设置南杂木枢纽立交,与在建的抚顺(南杂木)至沈阳高速公路及规划建设的抚顺东江沿(辽吉界)至南杂木高速公路连接成网,全长约 84km。路线所在区域属于辽宁东北部低山-丘陵区,地势由东向西逐渐降低,坡降平缓,山势浑圆。气候条件较好,属于温带半湿润季风气候区,年降水量 700～900mm,当地植被长势良好,起到了涵养水源的作用。整个区域的植被类型以蒙古栎林、黄桦林、杂木林、椴树林、花曲柳林、山杨林、胡桃楸林

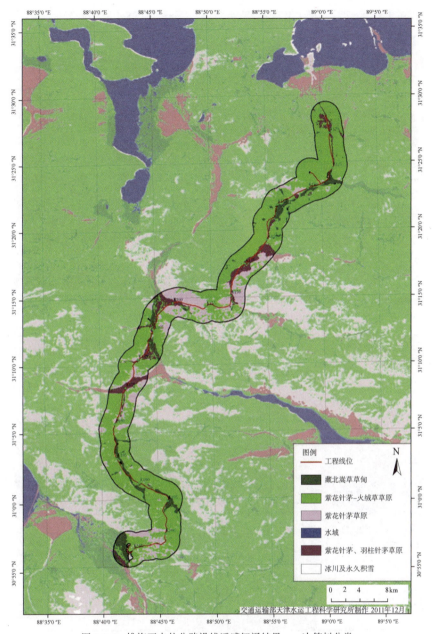

图 2-2-6　雄梅至申扎公路沿线遥感解译结果——决策树分类

等阔叶林为主,低山坡中下位有大量的以落叶松和油松林为主的人工公益林和一些次生灌草丛;山坡之间水系发达,遍布居民点和耕地。

从该区域的初夏和初秋两个季节的遥感影像图上看(图 2-2-7),耕地上种植的农作物的识别比较困难。在初夏的影像上,当地农作物基本上已经收割或者刚刚种植,耕地呈现沙土的光谱特征,与建设用地的水泥/柏油光谱特征混淆严重;在初秋的影像上,农作物处在收获之前的时期里,长势较好,耕地呈现植物的光谱特征,与灌草丛的光谱特征混淆严重。仅仅利用任意一幅影像进行自动解译,效果都不会好。如果利用农作在两期影像中存在不同的

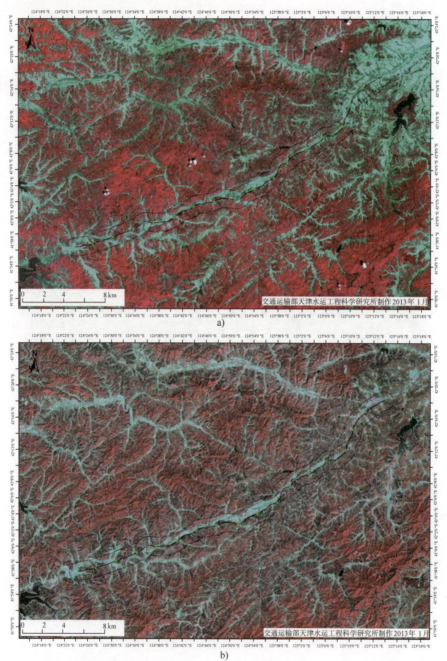

图 2-2-7 草市至南杂木高速公路沿线 Landsat TM5 多光谱影像(2010 年 6 月 2 日和 2007 年 8 月 29 日)

表现这一特征,即农作物会被收割这一有别于其他植物的特征,就能解决这个问题。

首先,依据影像中的典型地物的光谱特征(图 2-2-8),对初夏的遥感影像进行最大似然法分类,得到初步的分类结果图(图 2-2-9)。初步分类结果将地物分成五类,包括针叶林、阔叶林、杂木灌丛、水域以及将耕地和建设用地混在一起的耕地/建设用地这一类。将栅格格式的分类结果图导出成矢量格式(shp 格式),便于利用 ArcGIS 等 GIS 软件在此初步分类结果的基础上进行修改。

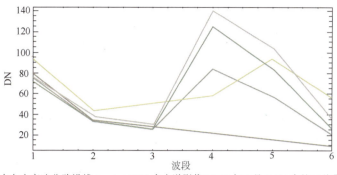

图 2-2-8 草市至南杂木高速公路沿线 Landsat TM5 多光谱影像(2010 年 6 月 2 日)中的五种典型地物光谱特征
注:耕地/建设用地(黄色)、针叶林(墨绿色)、阔叶林(鲜绿色)和杂木灌丛(灰色)、水域(蓝色)。X 轴 1~6 分别代表 Landsat TM5 的 1~5,7 波段。

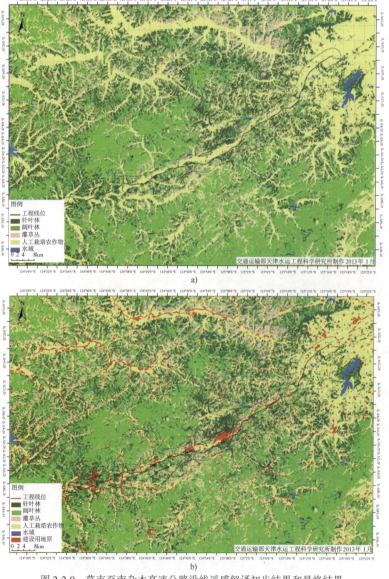

图 2-2-9 草市至南杂木高速公路沿线遥感解译初步结果和最终结果

初步分类结果中的耕地/建设用地这一类的像素,在初秋的遥感影像中可以细分为两类,一类是呈现明显植物特征的耕地,另一类就是建设用地。将细分结果在 ArcGIS 中对耕地/建设用地这一类进行覆盖(具体参考 ArcGIS 软件的帮助和使用手册),得到最终的解译结果。

第三节 植被组成复杂地区

一、目视解译

依托公路建设项目:甘久至彰武公路。路线起于丹霍线新民与彰武县交界处,终点与彰武县城东环路相衔接,路线全长约 20km。辽西丘陵与辽河平原过渡地带,属河阶地冲积平原,沿线主要以耕地为主(约七成),其次为建设用地和人工林地。该路线两侧自然植被较少,无珍稀野生动植物,生态环境保护要求主要是减少耕地的占用和人工林地的破坏。

林地包括按照利用方式可分为农田防护林、道路防护林和其他林地。从卫星影像上看,三种林地的植物组成上区别不大,因此无法利用植物之间的太阳光反射光谱特征的差别进行自动分类,只能通过目视解译。农田防护林分布于农田之中,呈网格状布局,一般是单排或者双排种植的宽度;道路防护林分布于高等级公路两侧,呈条带状,宽度不定但绝对不会仅限于双排种植,而且同一条公路的不同部位的道路防护林宽度基本统一;其他林地一般指呈斑块状的历史遗留的林地或者是在耕地上种植的经济林,面积、形状、大小都随机无规律。目视解译结果见图 2-2-10。

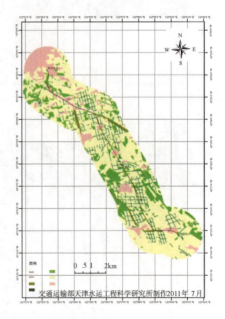

图 2-2-10 甘久至彰武公路沿线高分辨率遥感影像(源自 Google Earth)及目视解译结果

二、半自动解译

依托公路建设项目:西藏拉萨市至墨竹工卡县高速公路。路线起点位于墨竹工卡,终点位于拉萨市,总长约70km。路线全程沿拉萨河南岸布设,沿线村镇密集,除了河漫滩,地势平坦处基本已被开发为耕地。地势较陡的山坡上自然生长着以小角柱花和薄皮木为主的灌丛草原,地势平缓的河漫滩上散布着大量的人工杨树防护林和沙棘灌丛。本项目利用自动解译方法无法区分各种植被类型,而利用目视解译工作量较大(拉萨河分支密布,沙棘灌丛随意散布)。如图2-2-11所示。

图2-2-11　拉萨至墨竹工卡高速公路沿线 Landsat TM5 多光谱影像(2006年12月05)

本项目的半自动解译(图2-2-12)用到了前面的案例中介绍的决策树分类、最大似然法分类和目视解译。首先,利用基于免费的数字高程数据SRTM计算得到的坡度图(图2-2-4),将研究区域划分成坡地和平地两类,由于项目周边区域的坡地未得到人工开垦,植被组成单一,直接将坡地这一类命名为小角柱花和薄皮木为主的灌丛草原(根据现场踏勘所得)。然后,利用目视解译的方法将平地这一类又细分成两类:水域周边和其他。继而分别采取最大似然法分类和目视解译的方法,对这两类地物进行细分。水域周边主要由三类地物组成:

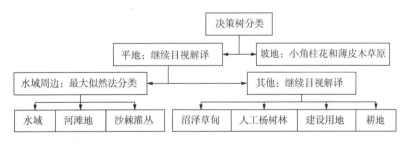

图2-2-12　拉萨至墨竹工卡高速公路沿线遥感影像半自动解译技术流程

水域、河滩地和沙棘灌丛,分别呈现水、石砾、植物的光谱特征,利用最大似然法能够保证自动分类结果精度。其他地物包括沼泽草甸、人工杨树林、建设用地、耕地。沼泽草甸与人工杨树林以及耕地光谱特征混淆严重(都呈现植物光谱),搭建了大棚的部分耕地与建设用地亦然,因此只能通过目视解译的方法识别。目视解译时仅识别沼泽草甸、人工杨树林和建设用地,剩余的大部分地物归类为耕地。最终的半自动解译结果如图 2-2-13 所示。

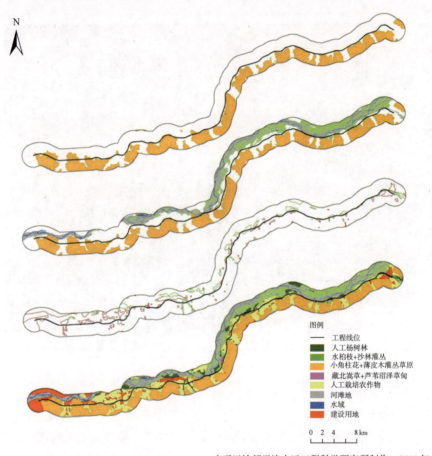

交通运输部天津水运工程科学研究所制作　2013年6月

图 2-2-13　拉萨至墨竹工卡高速公路沿线遥感影像半自动解译中间结果和最终结果

第三章　公路沿线土地利用遥感调查

土地利用是人类通过各种使用活动对土地长期或周期性的经营，土地利用的广度、深度和力度是它的生产规模、水平和特点的集中反映。交通（包括公路）与土地利用互为因果关系，土地利用的变化诱发交通出行，促进交通基础设施建设；而交通设施的建设会拉动沿线的土地利用，产生不断累积的生态和社会影响。

公路路域的土地利用现状调查有助于发现并筛选出各种环境目标，如对噪声敏感的学校和养老院，社会影响敏感的寺庙和文物等。然而，大比例尺的土地利用现状图一般只能覆盖发达的城市地区，而需要建设公路的广大农村以及西部落后地区则恰恰缺少这类图件。与植被类型调查一样，卫星遥感技术也能在土地利用现状调查上发挥其巨大优势。

第一节　土地利用遥感调查流程

土地利用遥感调查与植被类型遥感调查同样使用遥感调查技术，但是在流程和具体方法上存在一定的差别。除了人工栽培农作物和人工林地等之外，自然植被的分布由海拔、光照、水土等自然条件决定，具有极强的地域性，植被类型遥感调查的前期准备工作内容较多，而且一般需要在现场踏勘之后才能完成遥感解译。在经济欠发达的地区，人类改造自然的活动较少，土地利用和植被分布具有很高的一致性，例如有树木的地方基本都是林地，有水的地方基本都是河流或者湖泊，有房屋的地方基本都是住宅用地，所以土地利用遥感调查方法和植被类型遥感调查方法相同，不在此赘述。而在经济发达的地区，土地利用受自然条件影响较小，基本受社会经济发展条件决定，例如有树木的地方可能是林地或园地，有水的地方可能是河流、湖泊或沟渠、鱼塘、盐田等，有房屋的地方可能是住宅、工厂或其他公共设施等。幸运的是，土地利用虽然复杂，但是"千城一面"，有统一的分类标准[13]，通过高分辨率卫星遥感影像很容易辨识土地利用类型。

土地利用遥感调查工作可以分为两个阶段：遥感解译阶段和现场修订阶段。遥感解译阶段的目的是根据土地具有明显人为边界（围墙、林带、道路等）的显著特点自动识别或者人工勾出独立斑块，并根据现有的土地利用现状分类标准（表2-3-1）赋予其属性信息。绝大多数的土地利用类型都能够仅靠高分辨率卫星遥感影像就能够准确辨识，剩余的把握较小的斑块通过现场踏勘予以修订。

值得注意的是，该标准是出于国土资源统一管理的目的制定的，体现了依据土地的用途、经营特点、利用方式和覆盖特征等因素综合考虑进行分类的指导思想；而公路环评中使用土地利用图是出于环境保护角度考虑，侧重于展示项目周边的人为活动情况，没有必要将全部土地利用都细分到二级类。一般建议耕地、园地、林地、草地、商服用地、住宅用地只分到一级类，从环保角度来看它们各自的二级类趋同；其他的都应当细分到二级类，但并不完全。工矿仓储用地中的工业用地和仓储用地分别是生产和存储用途，但是他们的结构十分相似,建议合并为一类;公共管理与公共服务用地中的公园与绿地、风景名胜设施用地需要识别(具有自然属性),其他的可以合并为一类;特殊用地一般数量较少,应当细分到二级类;交通运输用地中的街巷用地和农村道路无需识别,融入周边的土地利用中;水域及水利设施用地中的沟渠视情形而定,较小的可以融入周边的耕地中去,较大的干渠可以独立成一类,水工建筑用地一般较小,融入周边的土地利用中去;其他土地中的空闲地一般不独立成一类,而是融入周边的土地利用中去,田坎则融入耕地中去。

表 2-3-1 土地利用分类的地类编码和含义[13]

一级类		二级类		含义
编码	名称	编码	名称	
01	耕地			指种植农作物的土地,包括熟地、新开发、复垦、整理地、休闲地(含轮歇地、轮作地);以种植农作物(含蔬菜)为主,间有零星果树、桑树或其他树木的土地;平均每年能保证收获一季的已垦滩地和海涂。耕地中包括南方宽度<1.0m、北方宽度<2.0m 固定的沟、渠、路和地坎(埂);临时种植药材、草皮、花卉、苗木等的耕地以及其他临时改变用途的耕地
		011	水田	指用于种植水稻、莲藕等水生农作物的耕地,包括实行水生、旱生农作物轮种的耕地
		012	水浇地	指有水源保证和灌溉设施,在一般年景能正常灌溉,种植旱生农作物的耕地,包括种植蔬菜的非工厂化的大棚用地
		013	旱地	指无灌溉设施,主要靠天然降水种植旱生农作物的耕地,包括没有灌溉设施、仅靠引洪淤灌的耕地
02	园地			指种植以采集果、叶、根、茎、汁等为主的集约经营的多年生木本和草本作物,覆盖度大于 50%和每亩株数大于合理株数 70%的土地,包括用于育苗的土地
		021	果园	指种植果树的园地
		022	茶园	指种植茶树的园地
		023	其他园地	指种植桑树、橡胶、可可、咖啡、油棕、胡椒、药材等其他多年生作物的园地
03	林地			指生长乔木、竹类、灌木的土地及沿海生长红树林的土地。包括迹地,不包括居民点内部的绿化林木用地、铁路、公路征地范围内的林木以及河流、沟渠的护堤林
		031	有林地	指树木郁闭度≥0.2 的乔木林地,包括红树林地和竹林地
		032	灌木林地	指灌木覆盖度≥40%的林地
		033	其他林地	包括疏林地、未成林地、迹地、苗圃等林地
04	草地			指生长草本植物为主的土地
		041	天然牧草地	指以天然草本植物为主,用于放牧或割草的草地
		042	人工牧草地	指人工种植牧草的草地
		043	其他草地	指树木郁闭度<0.1,表层为土质,生长草本植物为主,不用于畜牧业的草地

续上表

一级类		二级类		含义
编码	名称	编码	名称	
05	商服用地			指主要用于商业、服务业的土地
		051	批发零售用地	指主要用于商品批发、零售的用地，包括商场、商店、超市、各类批发（零售）市场，加油站等及其附属的小型仓库、车间、工场等的用地
		052	住宿餐饮用地	指主要用于提供住宿、餐饮服务的用地，包括宾馆、酒店、饭店、旅馆、招待所、度假村、餐厅、酒吧等
		053	商务金融用地	指企业、服务业等办公用地以及经营性的办公场所用地，包括写字楼、商业性办公场所、金融活动场所和企业厂区外独立的办公场所等用地
		054	其他商服用地	指上述用地以外的其他商业、服务业用地，包括洗车场、洗染店、废旧物资回收站、维修网点、照相馆、理发美容店、洗浴场所等用地
06	工矿仓储用地			指主要用于工业生产、物资存放场所的土地
		061	工业用地	指工业生产及直接为工业生产服务的附属设施用地
		062	采矿用地	指采矿、采石、采砂（沙）场，盐田，砖瓦窑等地面生产用地及尾矿堆放地
		063	仓储用地	指用于物资储备、中转的场所用地
07	住宅用地			指主要用于人们生活居住的房基地及其附属设施的土地
		071	城镇住宅用地	指城镇用于生活居住的各类房屋用地及其附属设施用地，包括普通住宅、公寓、别墅等用地
		072	农村宅基地	指农村用于生活居住的宅基地
08	公共管理与公共服务用地			指用于机关团体、新闻出版、科教文卫、风景名胜、公共设施等的土地
		081	机关团体用地	指用于党政机关、社会团体、群众自治组织等的用地
		082	新闻出版用地	指用于广播电台、电视台、电影厂、报社、杂志社、通讯社、出版社等的用地
		083	科教用地	指用于各类教育，独立的科研、勘测、设计、技术推广、科普等的用地
		084	医卫慈善用地	指用于医疗保健、卫生防疫、急救康复、医检药检、福利救助等的用地
		085	文体娱乐用地	指用于各类文化、体育、娱乐及公共广场等的用地
		086	公共设施用地	指用于城乡基础设施的用地，包括给排水、供电、供热、供气、邮政、电信、消防、环卫、公用设施维修等用地
		087	公园与绿地	指城镇、村庄内部的公园、动物园、植物园、街心花园和用于休憩及美化环境的绿化用地
		088	风景名胜设施用地	指风景名胜（包括名胜古迹、旅游景点、革命遗址等）景点及管理机构的建筑用地。景区内的其他用地按现状归入相应地类

续上表

一级类 编码	名称	二级类 编码	名称	含 义
09	特殊用地			指用于军事设施、涉外、宗教、监教、殡葬等的土地
		091	军事设施用地	指直接用于军事目的的设施用地
		092	使领馆用地	指用于外国政府及国际组织驻华使领馆、办事处等的用地
		093	监教场所用地	指用于监狱、看守所、劳改场、劳教所、戒毒所等的建筑用地
		094	宗教用地	指专门用于宗教活动的庙宇、寺院、道观、教堂等宗教自用地
		095	殡葬用地	指陵园、墓地、殡葬场所用地
10	交通运输用地			指用于运输通行的地面线路、场站等的土地,包括民用机场、港口、码头、地面运输管道和各种道路用地
		101	铁路用地	指用于铁道线路、轻轨、场站的用地,包括设计内的路堤、路堑、道沟、桥梁、林木等用地
		102	公路用地	指用于国道、省道、县道和乡道的用地,包括设计内的路堤、路堑、道沟、桥梁、汽车停靠站、林木及直接为其服务的附属用地
		103	街巷用地	指用于城镇、村庄内部公用道路(含立交桥)及行道树的用地,包括公共停车场、汽车客货运输站点及停车场等用地
		104	农村道路	指公路用地以外的南方宽度≥1.0m、北方宽度≥2.0m的村间、田间道路(含机耕道)
		105	机场用地	指用于民用机场的用地
		106	港口码头用地	指用于人工修建的客运、货运、捕捞及工作船舶停靠的场所及其附属建筑物的用地,不包括常水位以下部分
		107	管道运输用地	指用于运输煤炭、石油、天然气等管道及其相应附属设施的地上部分用地
11	水域及水利设施用地			指陆地水域、海涂、沟渠、水工建筑物等用地,不包括滞洪区和已垦滩涂中的耕地、园地、林地、居民点、道路等用地
		111	河流水面	指天然形成或人工开挖河流常水位岸线之间的水面,不包括被堤坝拦截后形成的水库水面
		112	湖泊水面	指天然形成的积水区常水位岸线所围成的水面
		113	水库水面	指人工拦截汇集而成的总库容≥10万 m^3 的水库正常蓄水位岸线所围成的水面
		114	坑塘水面	指人工开挖或天然形成的蓄水量<10万 m^3 的坑塘常水位岸线所围成的水面
		115	沿海滩涂	指沿海大潮高潮位与低潮位之间的潮浸地带,包括海岛的沿海滩涂,不包括已利用的滩涂
		116	内陆滩涂	指河流、湖泊常水位至洪水位间的滩地;时令湖、河洪水位以下的滩地;水库、坑塘的正常蓄水位与洪水位间的滩地;包括海岛的内陆滩地,不包括已利用的滩地

续上表

一级类		二级类		含义
编码	名称	编码	名称	
11	水域及水利设施用地	117	沟渠	指人工修建，南方宽度≥1.0m、北方宽度≥2.0m用于引、排、灌的渠道，包括渠槽、渠堤、取土坑、护堤林
		118	水工建筑用地	指人工修建的闸、坝、堤路林、水电厂房、扬水站等常水位岸线以上的建筑物用地
		119	冰川及永久积雪	指表层被冰雪常年覆盖的土地
12	其他土地			指上述地类以外的其他类型的土地
		121	空闲地	指城镇、村庄、工矿内部尚未利用的土地
		122	设施农用地	指直接用于经营性养殖的畜禽舍、工厂化作物栽培或水产养殖的生产设施用地及其相应附属用地，农村宅基地以外的晾晒场等农业设施用地
		123	田坎	主要指耕地中南方宽度≥1.0m、北方宽度≥2.0m 的地坎
		124	盐碱地	指表层盐碱聚集，生长天然耐盐植物的土地
		125	沼泽地	指经常积水或渍水，一般生长沼生、湿生植物的土地
		126	沙地	指表层为沙覆盖、基本无植被的土地，不包括滩涂中的沙地
		127	裸地	指表层为土质，基本无植被覆盖的土地；或表层为岩石、石砾，其覆盖面积≥70%的土地

土地利用遥感调查尽量使用高分辨率的卫星遥感影像，其中提供免费高分辨率卫星遥感影像供浏览的 Google Earth 是一个不错的数据源选择。虽然 Google Earth 上的数据陈旧且没有可见光外的其他波段数据，但是对影像的时效性和光谱波段组成要求不高时，在经济上十分有吸引力。当然，Google Earth 并不是遥感图像处理软件，也非地理信息系统软件，但是通过一些取巧方法[14]，也能够在利用 Google Earth 开展目视解译制作土地利用图。首先，在 Google Earth 上先确定需要开展目视解译的范围，无论是手动直接勾勒还是通过将其他矢量数据格式（如 ArcGIS 的 shp 格式）转换成 kmz/kml 格式；其次，在这个解译范围内勾勒地物边界线，尽量按照边界线从长到短的顺序（例如河流、交通用地优先），并且要求任意一条边界线的两头和其他边界线或者解译范围边界线相交（形成有效的闭合）；然后，将以上的解译范围和地物边界线数据导入到 ArcGIS 软件中（shp 格式），将解译范围图层作为编辑对象图层（target layer）并使它处于编辑状态，选中所有地物边界线对它进行切割❶，形成地物斑块；最后，对这些没有属性信息只有轮廓形状的地物斑块赋予土地利用类型的属性。

---

❶ ArcMap->Topology 工具条->Construct Features 命令（Split existing features in target layer using selection）。

土地利用遥感调查的难点是尽可能地通过高空向下俯视的视角辨别土地利用类型,对于住宅用地、耕地、林地、草地、交通运输用地等具有十分明显的独特特征的土地利用来说,十分简单而且准确度高;而对于商服用地、公共管理与公共服务用地、特殊用地等没有统一标准形式的土地利用来说,可以通过经验的积累,提高准确度。下面我们利用一个位于经济发达地区、周边土地利用组成比较多样的案例,展示一些有意思的土地利用的特征。

第二节　经济发达地区的典型案例

依托公路建设项目:京津塘高速公路。路线起点位于北京,经过天津中心城区,终点位于天津市塘沽区,总长约143km。公路地处华北平原东北部海河冲积平原,地势平坦开阔,沿线人口密集,土地开发程度极高,主要的土地利用类型是农田和各种建设用地(住宅用地、工业用地、交通用地等)。公路建设对环境产生的影响以社会影响和声环境影响为主,包括征用农田对农业经济造成的直接损失和拆迁民房对生活带来的不便,以及交通量的增加对沿线居民生活的干扰。

住宅用地:特点十分明显,由相似度很高的房子组成,排列整齐且有规律。主要分为三种:1~2层的农村平房(只有南方会有3~4层的农村楼房)、传统的5~7层的城市多层住宅以及配有电梯的城市高层住宅;当然,还有少量的别墅分布在城市的外围。

工矿仓储用地:没有特定的规律,但是有一些特点。一般都有较大的车间、厂方、仓库(多采用钢结构彩板作顶),需要消耗大量能源的工业用地一般具有高大的烟囱;除了特定的工业园区,大多数工业用地里的房子布局看起来比较凌乱无组织。采矿用地如砖瓦窑等具有明显的破坏地表的特征,仓储用地除了较大的仓库以外,还会有较大的卡车停放和腾挪空间或者紧邻铁路。

公共管理与公共服务用地:没有特定的规律,但是有一些特点。除了公园与绿地、风景名胜设施用地等提供自然服务或者文物古迹以外,其他的公共管理与公共服务用地(各种机关单位)以办公楼为主,建筑格局有主次之分,绿化效果较好。另外,学校具有操场、污水处理厂具有圆形二次沉淀池等明显的标志。公园比较好辨别,不过需要注意与高尔夫球场的区分,后者沙坑密布。

果园:果园一般情况下容易与种植蔬菜的耕地和人工林地混淆。果树和蔬菜的相同点都是排列整体,区别是果树一般较大;果树和人工林地都是由树组成,但是果树较矮(经过修剪),在影像中体现在树的投影距离较短。

鱼塘:属于设施农用地,分散在广袤的耕地中,一般连片集中分布。容易与自来水厂(公共管理与公共服务用地,具有办公楼)、盐田(采矿用地,靠海分布)、坑塘水面(水域及水利设施用地,单独存在)等混淆。

如图2-3-1所示是京津塘高速公路沿线数量较多且较有代表性的土地利用示例。其他的比较容易辨别的土地利用不在此一一列举描述,解译结果如图2-3-2所示。

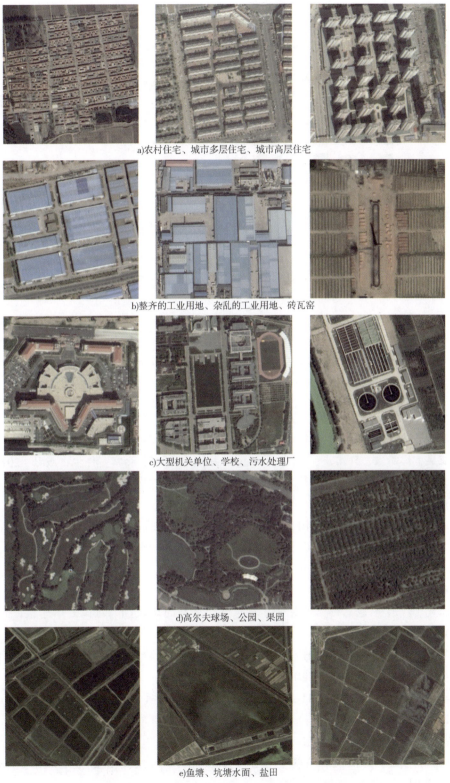

a) 农村住宅、城市多层住宅、城市高层住宅

b) 整齐的工业用地、杂乱的工业用地、砖瓦窑

c) 大型机关单位、学校、污水处理厂

d) 高尔夫球场、公园、果园

e) 鱼塘、坑塘水面、盐田

图 2-3-1 京津塘高速公路眼线的一些典型的土地利用类型

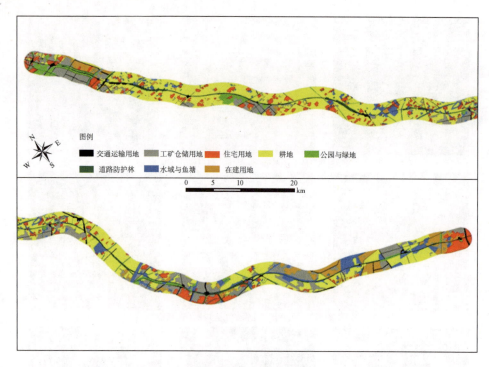

图2-3-2 京津塘高速公路沿线高分辨率遥感影像(源自Google Earth)目视解译结果

本篇参考文献

[1] 赵英时.遥感应用分析原理与方法[M].北京:科学出版社,2003.

[2] 刘亚岚,谭衢霖,孙国庆,等.交通遥感方法与应用[M].北京:科学出版社,2012.

[3] 徐文.我国陆地观测卫星现状及发展战略思考[J].中国科学:信息科学,2011,41(增刊):1-9.

[4] 张玉君.Landsat 8简介[J].国土资源遥感,2013,25(1):176-177.

[5] 李斯泽.ENVI,ERDAS,PCI,ER_Mapper的特点与统计分类[J].电脑知识与技术,2008,3(8):1776-1777,1799.

[6] 梁顺林.定量遥感[M].北京:科学出版社,2009.

[7] 赵春霞,钱乐祥.遥感影像监督分类与非监督分类的比较[J].河南大学学报(自然科学版),2004,34(3):90-93.

[8] 中华人民共和国行业标准.HJ 19—2011 环境影响评价技术导则——生态影响[S].北京:中国环境科学出版社,2011.

[9] 中华人民共和国行业标准.JTG B03—2006 公路建设项目环境影响评价规范[S].北京:人民交通出版社,2006.

[10] 吴征镒.中国植被[M].北京:科学出版社,1980.

[11] 中国科学院中国植被图编辑委员会.1:1000000中国植被图集[M].北京:科学出版社,2001.

［12］刘丹，徐建安，豆丽华.生态环境影响评价中基于3S技术植被图制作［J］.湖南水利水电，2007，（6）：82-83.

［13］中华人民共和国行业标准.GB/T 21010—2007　土地利用现状分类［S］.北京：中国标准出版社，2007.

［14］胡健波，李月洋，李皓菁，等.利用Google Earth辅助土地利用解译［J］.河北遥感.2011，（2）：7-10.

［15］www.google.cn/map.

第三篇　导航定位技术

第一章　概　　述

第一节　GPS的发展历史和现状

全球定位系统(Global Positioning System,GPS)是由美国国防部研制建立的一种具有全方位、全天候、全时段、高精度的卫星导航系统,能为全球用户提供低成本、高精度的三维位置、速度和精确定时等导航信息。伴随着众多卫星定位导航系统的兴起,全球卫星定位导航系统有了一个全新的称呼:GNSS(Global Navigation Satellite System),包括美国的GPS、俄罗斯的Glonass、欧洲的Galileo和中国的北斗卫星导航系统,以及其他在建和以后要建设的卫星导航系统。GPS是目前使用最广泛的GNSS,很多民众也习惯性地将所有的GNSS直接统称为GPS,本篇章也是以GPS为例介绍卫星导航定位技术在公路环评中的应用。

一、GPS卫星定位系统的发展阶段[1]

1.GPS概念提出与分析测试阶段(1973~1979年)

GPS卫星定位的概念的提出始于20世纪60年代末,至70年代初美国国防部正式提出立项资助这一计划。1973年12月该项目立项得到通过,正式进入验证可行性阶段。为此目的,美国国防部组建了项目联合办公室以进行具体的实施工作,投资上亿美元进行试验卫星的研制和发射。

2.GPS开发试运行阶段(1980~1989年)

1978年2月至1985年10月,这一阶段完成的主要工作是发射了11颗试验卫星BlockⅠ。1984年测量领域成为第一个GPS商用用户领域。1989年发射了5颗BlockⅡ工作卫星。进一步完善了地面监控系统、发展了GPS用户接收机。

3.GPS建成并完全运作阶段(1990~1999年)

在1990~1999年这一阶段,GPS系统建设和应用都得到了迅猛发展,发射了26颗BlockⅡ、BlockⅡA和卫星BlockⅡR卫星,1993年实现24颗在轨卫星(BlockⅠ、Ⅱ和ⅡA)的满星座运行,达到初始导航定位功能(Initial Operational Capability,IOC),即满足标准定位服务(SPS)的要求,可以为民用用户提供全球性的、连续的定位服务。

4.GPS现代化更新阶段(2000~现在)

2000年5月1日开始取消SA政策,使标准定位服务用户的水平定位精度提高了50m。目前GPS卫星定位系统的工作卫星,由GPSⅡ、ⅡA、ⅡR、ⅡR_M组成,其中一颗BlockⅡR_

M 为 2005 年 9 月发射的第一颗新改进的卫星,现阶段正在研究未来 GPS 卫星导航的需求,保留 GPSIIF 的全部功能,兼顾未来军用与民用的需求,进一步提高定位精度、增加新的有效性和完备性检验信息,以提高系统安全性、可靠程度和对抗各种可能的风险的能力,为未来 30 年 GPS 的使用做出规划。

二、俄罗斯全球导航卫星定位系统(GLONASS)[2]

格洛纳斯(GLONASS),是俄语"全球卫星导航系统(GLOBAL NAVIGATION SATELLITE SYSTEM)"的缩写。该系统最早开发于苏联时期,后由俄罗斯继续该计划。俄罗斯 1993 年开始独自建立本国的全球卫星导航系统。该系统于 2007 年开始运营,当时只开放俄罗斯境内卫星定位及导航服务。到 2009 年,其服务范围已经拓展到全球,GLONASS 在定位、测速及定时精度上则优于施加选择可用性(SA)之后的 GPS。

三、欧洲伽利略全球卫星导航定位系统(GALILEO)[3]

伽利略卫星定位系统(GALILEO)是欧洲空间局(ESA)主导的全球卫星导航系统,由 27+3 颗卫星分布在 3 个轨道平面上。它是一个民用导航系统,有其他非欧盟国家如中国、印度等以及一些私人机构参与,打破了由美国 GPS 的垄断局面。除了提供米级实时导航定位精度外,还实时发布信号的有效性并提供商业导航服务,从而进一步提高了导航定位的精度和可靠性,对定位服务要求较高的领域如火车、汽车和飞机着陆的应用提供了保证。

四、中国的北斗导航卫星系统(BDS)[4]

中国北斗卫星导航系统(BeiDou Navigation Satellite System,BDS)是中国自行研制的全球卫星导航系统,由空间段、地面段和用户段三部分组成,可在全球范围内全天候、全天时为各类用户提供高精度、高可靠定位、导航、授时服务,并具短报文通信能力,已经初步具备区域导航、定位和授时能力,定位精度 10m,测速精度 0.2m/s,授时精度 10ns。

第二节 GPS 定位基本原理

一、GPS 的组成

GPS 定位系统由三个部分组成,即由 GPS 卫星组成的空中部分、由若干地面站组成的地面监控系统、以接收机为主体的用户设备。三者有各自独立的功能和作用,但又是有机地配合而缺一不可的整体系统。

1.空间卫星部分

GPS 的空间部分由 24 颗 GPS 工作卫星所组成(3-1-1),这些 GPS 工作卫星共同组成了 GPS 卫星星座,其中 21 颗为用于导航的卫星,3 颗为活动备用卫星。这 24 颗卫星分布在 6 个倾角为 55°、高度约 20000km 的高空轨道上绕地球运行。卫星的运行周期约为 12 恒星时。完整的工作卫星星座保证在全球各地可以随时观测到 4~8 颗高度角为 15°以上的卫星,若高

图 3-1-1 GPS 卫星星座

度角在5°则可达到12颗卫星。每颗GPS工作卫星都发出用于导航定位的信号,GPS用户正是利用这些信号来进行工作。

2. 地面监控部分

GPS的控制部分由分布在全球的若干个跟踪站所组成的监控系统构成,根据其作用不同,这些跟踪站又被分为主控站、监控站和注入站。主控站拥有大型电子计算机,用作为主体的数据采集、计算、传输、诊断、编辑等工作。监测站的主要任务是对每颗卫星进行长年连续不断地观测,每6s进行一次伪距测量和积分多普勒观测,采集气象要素等数据,定时将观测数据送往主控站。主控站将编辑的卫星电文传送到位于三大洋的三个注入站,定时将这些信息注入各个卫星,然后由GPS卫星发送给广大用户。

3. 用户接收部分

GPS用户部分由GPS接收机(移动站、基准站等)、数据处理软件及相应用户设备,它的作用是接收GPS卫星所发出的信号,利用这些信号进行导航定位等工作。

二、GPS定位原理

GPS定位原理是一种空间的距离交会原理,即利用空间分布的卫星以及卫星与地面点的距离交会得出地面点位置。设想在地面待定位置上安置GPS接收机,同一时刻接收4颗以上GPS卫星发射的信号。通过一定的方法测定这4颗以上卫星在此瞬间的位置以及它们分别至该接收机的距离,据此利用距离交会法解算出测站P的位置及接收机钟差。如图3-1-2所示。

GPS定位中,主要解决两个问题:一是观测瞬间GPS卫星的位置,二是观测瞬间测站点至GPS卫星之间的距离。GPS卫星的位置包含在GPS卫星发射的导航电文中,站星之间的距离是通过测定GPS卫星信号在卫星和测站点之间的传播时间确定。

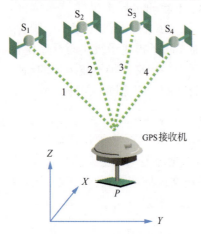

图3-1-2　GPS定位原理

三、GPS定位方法分类

利用GPS进行定位的方法有很多种。若按照参考点的位置不同,则定位方法可分为以下几种。

1. 绝对定位

即在协议地球坐标系中,利用一台接收机来测定该点相对于协议地球质心的位置,也叫单点定位。GPS定位所采用的协议地球坐标系为WGS-84坐标系,因此绝对定位得到的是WGS-84坐标下的经纬度和海拔数据。根据用户接收机天线所处的状态不同,绝对定位又可分为静态绝对定位和动态绝对定位。静态绝对定位时,接收机天线处于静止状态,连续地在不同历元同步观测不同的卫星,测定卫星至观测站的伪距,获得充分的观测量,通过测后数据处理求得测站的绝对坐标,定位的精度约为米级;动态绝对定位时,接收机天线处于移动状态,只能获得很少或者没有多余观测量的实数解,因而定位精度不是很高,为10~40m。

2. 相对定位

即在协议地球坐标系中,利用两台以上的接收机测定观测点至某一地面参考点(已知点)之间的相对位置,相对定位基本原理见图 3-1-3。在相对定位中,两个或多个观测站同步观测同组卫星的情况下,卫星的轨道误差、卫星钟差、接收机钟差以及大气层延迟误差,对观测量的影响具有一定的相关性。利用这些观测量的不同组合,按照测站、卫星、历元三种要素来求差,可以大大削弱有关误差的影响,从而提高相对定位精度,因此相对定位的精度远高于绝对定位的精度。

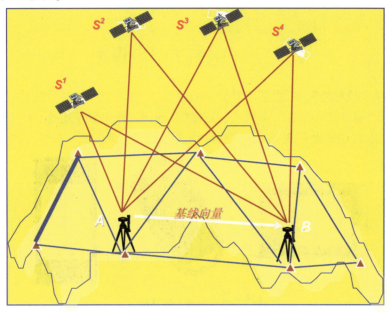

图 3-1-3　GPS 相对定位

与绝对定位相同,根据定位过程中接收机所处的状态不同,相对定位同样可分为静态相对定位和动态相对定位。静态相对定位,一般均采用测相伪距观测值作为基本观测量,在测相伪距观测的数据处理中,为了可靠地确定载波相位的整周未知数,静态相对定位一般需要较长的观测时间(1.0~3.0h),称为经典静态相对定位。动态相对定位,是将一台接收机设置在一个固定的观测站(基准站),另一台接收机安装在运动的载体上,由基准站接收机通过数据链发送修正数据,用户站接收该修正数据并对测量结果进行改正处理,以获得精确的定位结果;由于用户接收基准站的修正数据,对用户站观测量进行改正,这种数据处理本质上是求差处理(差分),以达到消除或减少相关误差的影响,因此 GPS 动态相对定位通常又称为差分 GPS 定位。

第二章 GPS 导航定位技术在公路环评现场踏勘中的应用

第一节 常用的 GPS 设备

GPS 卫星接收机种类很多,根据型号分为测地型、全站型、定时型、手持型、集成型;根据用途分为车载式、船载式、机载式、星载式、弹载式。环评工作中最常用的 GPS 接收器主要有汽车导航仪、手持式 GPS 及手机类 GPS 三种(图 3-2-1)。

图 3-2-1 常用的 GPS 设备

一、汽车导航仪

汽车导航仪是集计算机、通信导航、地图信息为一体的产品,通常它都具备笔记本 PC 的基本功能,可以方便地驳接网络、发送传真和数据通信;并且内置 GPS 接收器,提供 GPS 天线接口,装载定位导航软件,利用接收到的 GPS 卫星信号为车辆提供全天候、全时域位置信息,并可以在屏幕上显示当时车辆的运行情况。用户可以预先自定义行进路线、路旁标记和航路点,保存预先设定的路线或已走过的路线,以便再次查询。通过查询电子地图,用户能了解某地区的地理环境和交通状况,增加对未来旅途的预测,当发现一些原地图中没有的道路,可以通过"记录新路"来更新地图。国内主要的汽车导航仪有路航、路畅、飞歌、纽曼、卡仕达、智歌、耀睿等品牌,其导航系统多采用高德地图、百度地图、凯立德地图等。

汽车导航仪在环评中主要应用于目的地的导航,其便利性依赖于导航软件的道路细化程度及准确性。内置地图主要为矢量道路,定位精确度较高,但无实时网络更新及卫星图功能,软件编辑功能较弱。

二、手持式 GPS

手持式 GPS 是体积小巧、携带方便、独立使用的全天候实时定位导航设备。好的手持机必备的条件是:灵敏度高,存储量大,外部接口齐全。GPS 手持机按用途可分为陆用型、空用型和海用型。陆用型 GPS 手持机一般没有内置地图,主要利用航路点记录,选择相应航路点可自动生成路线。内置天线使得机型小巧,它是应用最广的 GPS 设备;空用型提供全球空域图和地域图,灵敏度极高,适用于在高速行进的飞机中定位;海用型内置全球海图,超大屏幕,提供可固定在船体上的配套支架和天线。目前使用较多的手持式 GPS 机主要有佳明、麦哲伦、任我游、中恒、彩途、探险家等品牌。

手持式 GPS 内置矢量地图,地形条件复杂地区地图及定位均有一定误差,地图更新速度慢,但因携带方便,定位及导航航迹功能强大,在现场勘查中大量应用。

三、手机 GPS

随着科技的发展,目前市场上的大多数智能手机(包括平板电脑)均内置有 GPS 模块,实时获取该手机的位置信息,误差 3~5m。除了通过 GPS 模块定位之外,智能手机还可以通过通信基站进行粗略的定位,称为 A-GPS,一般定位误差为 100m。手机 GPS 我们不在此赘述,因为智能手机实际上可以视作为集成了通信模块、GPS 模块等各种硬件的小型电脑,具有非常灵活的可扩展性,可以使用各种各样的电子地图、导航、定位等软件。

第二节 环评现场调查 GPS 导航定位方法

公路工程环评现场调查中,大多以公路工程可行性研究报告中的 1∶10000 的地形图确定自己与设计公路线位之间的空间位置关系。该方法一般情况下可满足调查需求,但存在一个突出的问题,即需要人自身去实时观察周边的地形和景物,并和地形图进行比对来实现定位,而且定位精度较差。

若地形图标注信息较明确、参考点较多,则容易判别桩号信息,如大角度拐弯、村镇路段、河流路段等。但大多数情况下,设计文件只提供道路两侧一定距离范围内的地形图,一般为 200~1000m。如图 3-2-2 所示,K4258+400 处路线左侧 200 外无地形图数据,无法有效判断空白处区域地理特征;位于我国西部地区如新疆、青海、西藏等地的部分公路项目,因地广人稀以及地貌单元一致,地形图资料地理参考点较少,调查人无法准确判断所处桩号;部分新建路段还存在没有现状路或现有调查道路距离工程建设主线较远,这些情况下单纯依靠设计图纸亦无法准确判断所在位置。以上种种情况为传统调查工作带来了很多困扰,为此 GPS 定位技术在环评现场勘查中得到普遍应用。

GPS 定位技术以其精度高、速度快、费用省、操作简便等优良特性广泛应用于公路线路勘查、大地控制测量以及交通环境保护等行业中。在公路环境影响评价中,GPS 多用来对设计线位沿线进行环境勘查,包括环境敏感目标如取弃土场、料场、村镇、文物等点型场地的定位,现场调查路线的航迹记录及导航等。根据设备载体的不同,可主要分为手持式 GPS、PC 系统 GPS 以及手机系统 GPS 三类导航定位技术。

一、手持式 GPS 导航定位方法

手持式 GPS 内置的地图数据主要是发达的城市地区,往往缺少偏远地区的地图,而偏远地区恰恰是交通基础设施较落后,需要建设公路的地区。因此,公路环评项目现场踏勘时,手持式 GPS 基本上只能发挥定位功能,无法用于导航。值得庆幸的是,手持式 GPS 设备一般都留有一定的余地,支持用户自制地图和路线的导入。可将拟调查公路的线位以及周边

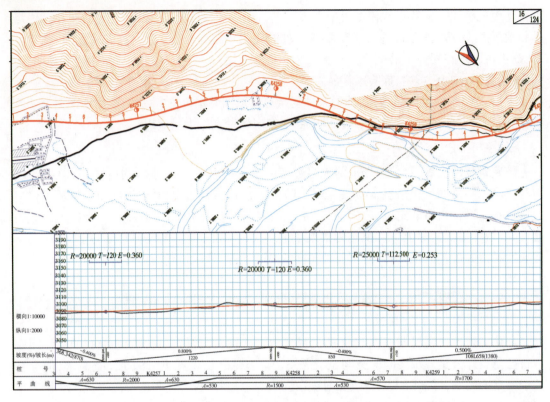

图 3-2-2 工程 CAD 平纵面图

既有公路或者乡村道路的信息,在调查前就导入 GPS 中,现场调查时可实时知晓自身所处位置与拟调查公路的位置关系,并根据既有公路或者乡村道路制定行车路线。

本书前面的篇章中,已经介绍过公路设计 CAD 格式文件转为其他格式文件的方法,如 Google Earth 软件支持的 kmz/kml 格式等;之所以需要转换格式,是因为公路设计文件采用的是地方坐标系,而 GPS 采用的是 WGS84 坐标系,用 GPS 导航首先需要让公路线位处于 WGS84 坐标系之下,这个过程不再赘述。这里我们以麦哲伦 Explorist 610 手持 GPS 为例,简单介绍导入自制地图和路线用于导航的整个过程。

首先,将 kml 格式的公路设计线位文件在 Google Earth 中打开,根据 Google Earth 中的高清卫星遥感影像设计现场踏勘的行车路线,并预筛选公路线位附近的需要现场调查的环境敏感点,如村庄、学校、河流等。所有这些点和线与公路设计线位一并保存为 kml 格式,作为自制地图导入 GPS 中。Explorist 610 默认支持的文件格式为.gpx,其他品牌的 GPS 有可能使用其他的自主格式文件,如.ovl、.trl、.wpr、.wp 等。本款 GPS 支持 kml 格式文件的读取,可直接将 kml 文件导入。对有些 GPS 设备不支持 kml 格式文件,可通过 GPSbabel 等软件将 kml 格式文件转变成该款 GPS 支持的格式文件(图 3-2-3)。

通过 GPS 连接电脑,含公路以及环境保护目标的自制地图文件复制到 GPS 中指定的文件夹中。重启 GPS 后,在 GPS 菜单界面中的【航点】、【航迹】选项中导入该文件,即可在地图显示界面看到公路线位和环境保护目标的位置。如图 3-2-4 所示,设计公路线位呈黑色,设计公路上的等间距里程桩号用红旗标识。

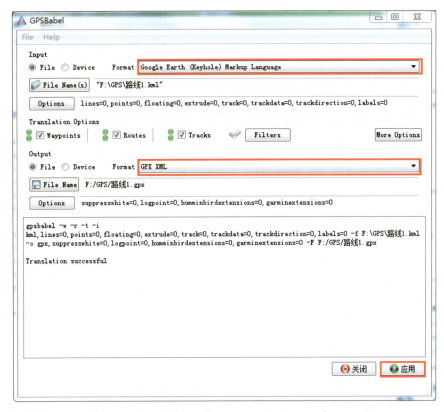

图 3-2-3　GPS 数据格式转换

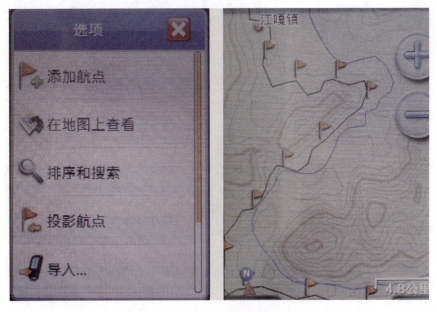

图 3-2-4　GPS 文件数据导入

二、PC 系统 GPS 导航定位方法

国内外地图服务厂商基于 PC 系统已开发出多种地图扩展软件，如 Google Earth、奥维互动地图、天地图、百度地图、搜狗地图、高德地图等。以上软件均含有精确的、立体化的地图矢量信息以及高清的卫星影像图。但 PC 终端本身并无实时定位功能，在环评现场勘查中，如能将 GPS 实时导航定位技术结合到 PC 系统中，则可借助 PC 端地图软件的卫星图模式进一步提高工程评价范围内地物勘查工作的准确性，如在调查中可明确判断既有路与新建路之间的距离，新建路段沿线敏感目标与路线的位置关系等。

对于通用的 GPS 应用软件，需要一个统一格式的数据标准，来解决与任意一台 GPS 与 PC 端的接口问题。为此，美国国家海洋电子协会（The National Marine Electronics Association，以下简称 NMEA）开发了 NMEA 协议完美地解决了以上问题。目前市场上常用的手持式 GPS 一般都支持 NMEA 协议，大多数地图软件如 Google Earth 和奥维互动地图也都支持外接 GPS。以 Google Earth 软件为例，介绍笔记本电脑和手持式 GPS 配合的现场调查导航定位的过程。

首先，仍然是将公路设计 CAD 格式文件转为 kmz/kml 格式并在 Google Earth 软件中打开，随后再根据 Google Earth 中的高清卫星遥感影像设计现场踏勘的行车路线，并标注感兴趣的环境保护目标。在现场踏勘时，将手持式 GPS 连接 PC 并设定为 NMEA 模式，在 PC 中的 Google Earth 软件中设定 NMEA 协议实时导航（图 3-2-5），点击【开始】，则实现了两者同步，Google Earth 上会实时显示手持式 GPS 所在位置点。

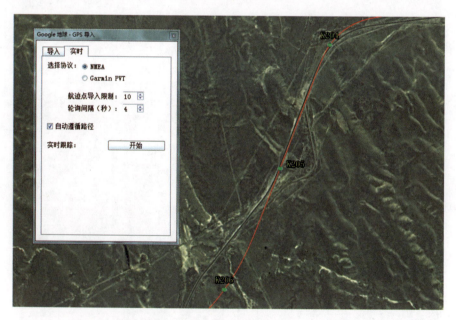

图 3-2-5　NMEA 协议实时导航

三、手机系统 GPS 导航定位方法

随着互联网及手机技术的发展，目前智能手机（包括平板电脑）一般都配置了 GPS 和 A-GPS模块，以满足使用者日益增加的地理位置定位需求。智能手机实际上可以视作为集

成了通信模块、GPS 模块等各种硬件的小型电脑,具有非常灵活的可扩展性,可以使用各种电子地图、导航、定位等软件,包括我们在前面提到的 PC 端的 Google Earth、奥维互动地图等。手机系统 GPS 导航定位方法和 PC 系统 GPS 导航定位方法不存在区别,只是在使用过程上存在一定的差异;手机集成度高,不需要用户自己去设定地导航地图软件和 GPS 模块之间的同步连接。

从便捷程度角度考虑,手持式 GPS 和手机系统 GPS 导航定位更有优势,而基于 PC 的方法占用空间较大,在颠簸的土路上行车十分不便且容易损坏;从导航软件的可扩展性角度考虑,基于 PC 系统和手机系统的 GPS 导航定位更有优势,不仅可以自主选择各种第三方地图软件,而且可以通过高清的卫星遥感影像预知周边的环境状况,提高了现场踏勘效率,而手持式 GPS 只能依靠特定格式的自制地图。总体而言,手机系统 GPS 导航定位方法兼顾先进性与便携性,是公路环评现场勘查中导航定位首选方法。

下面,我们以展示典型案例的方式,介绍智能手机在公路环评现场踏勘中的导航定位应用。使用的导航地图软件是奥维互动地图(以下简称"奥维"),它是一个集成了谷歌地图、百度地图、搜狗地图、必应卫星图、谷歌卫星图等的免费综合地图软件,地图丰富、切换方便、优势互补;另外,它支持地图和卫星图的离线下载使用,解决了一些通信信号较差的地区无法使用的问题,尤其是我国西部地区。如图 3-2-6 所示,在现场踏勘前,将设计公路线位、5km 间隔的里程桩号以及距离公路 1km 内的踏勘范围导入奥维,并离线下载沿线的高清卫星图。

图 3-2-6 奥维文件导入及离线浏览

第三节 调查路线导航应用

利用导航定位技术,可合理制定现场踏勘的行车路线,减少了对陌生环境熟悉时间以及因迷路而造成的返程窝工,提高工作效率。越是偏远地区,该技术的优势越明显。

一、西藏某公路改造工程案例

本工程是对既有公路的改造,局部路段存在裁弯取直现象。沿线邻近的村庄(公路线位 200m 范围内)约 13 处,需要逐个调查;本工程拟新建一条支线,通往其中一个村庄(根据工可报告)。将公路线位导入奥维软件后(图 3-2-7),在谷歌地图中并不存在该村庄以及进入该村庄的公路;切换至卫星图观察,能够发现存在一条乡村道路通往该村,在支线工程起点往南约 500m 处可驱车进入该村庄。该村庄位于一处山后,在既有公路上行驶,如果不借助手机 GPS 导航技术,并不能发现该村庄的存在。

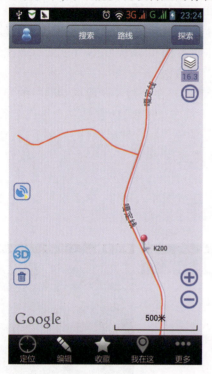 

图 3-2-7 矢量地图与卫星图导航对比

二、天津某公路新建工程案例

本工程为新建工程,采用一级公路标准,双向四车道,工程涉及程四淀村、小高庄村、小田庄村、小龙湾村等声环境保护目标,工程路线走向见图 3-2-8。村庄之间只有乡间土路相连,路况较差且七拐八折。在程四淀村调查完毕后,为前往下一个环境保护目标小高庄村,需寻找到最合适路线。程四淀村与小高庄村之间距离较远,有津蓟高速相隔,因调查人员不熟悉当地路况,从何处跨越津蓟高速是一个难题。

在手机奥维软件中,切换至卫星图模式,通过高分辨率影像可快速分辨出跨过津蓟高速的涵洞所在地以及沿线乡间道路,从卫星图上程四淀村到达此涵洞有多个路线方案,经筛选后可拟定出最佳行车路线(图 3-2-8 中的黄色粗线),即从程四淀村出发后一路向西,而后南下至 A 村,从村中穿越后向西行驶至 B 村,穿越 B 村后从涵洞穿越津蓟高速,再沿着高速公路土路向北行驶,最终可至小高庄村。到了小高庄村之后,去往小田庄村和小龙湾村就相对容易,只需要在高清卫星影像中找到能够跨越闫东渠的乡村道路即可。

图 3-2-8　工程路线走向图及沿线部分敏感点

三、青海某高速公路扩建工程案例

青海省境内某高速公路车流量较大,需要拓宽扩建,在某处穿村而过,将河滩寨村一分为二,路线与村庄位置关系见图 3-2-9。本工程必然导致一部分房屋拆迁,并在施工期产生噪声影响,需要对该村现场调查。由于该处高速公路封闭,无法就近停车下高速,因此需要依托邻近的既有非高速公路展开调查。

图 3-2-9　工程路线走向图与敏感点位置关系图

通过手机奥维地图调用该区域卫星图像,初步拟定了调查路线,如图 3-2-9 中黄线所示。路线需从既有国道左拐至跨河大桥,而后向北穿越高速公路所留涵洞到达河滩寨村。根据对村民的走访以及高清卫星影像的识别,获悉该村的小学所在位置离高速公路较近;根据卫星图像,距离涵洞东面不远,但是需要绕行较远路程的小学。

第四节 调查目标定位应用

根据环境影响评价导则及相关技术规范,现状调查、环境影响预测与评价以及提出预防或减缓环境污染或生态影响的措施,主要是针对项目评价范围内的环境保护目标,包括大气环境保护目标、声环境保护目标、水环境保护目标以及生态环境保护目标等。在环评中要求对环境保护目标做细致调查,不可漏项。利用 GPS 定位技术可方便快捷地开展环境保护目标的现状调查。

一、居民点定位调查案例

在声环境保护目标现场工作中,大部分公路沿线居民点利用 Google Earth 卫星影像图结合缓冲区分析,可基本判断评价范围内户数等信息。同时,东部经济发达地区、村镇建设更新较快,部分卫星图像可能未能及时更新;西部偏远地区因区位因素不太重要,卫星图像往往更新也比较慢。以上卫星图像更新不及时,一般会造成居民点实际分布与卫星图分布不一致,必须结合现场调查予以修正。对卫星图上某时间点村镇分布图增加或减少的居民户情况利用 GPS 定位予以标注。

青海省西宁市某公路改造工程:评价范围内涉及多处环境空气和声环境保护目标,A8K63+500 药水村为其中之一。该改扩建项目环评现场调查时卫星影像拍摄时间为 2010 年。现场调查时发现该村居民建筑已进行了扩建与拆迁,与 2010 年卫星影像数据差别较大。该村居民建筑卫星图分布情况以及实际分布对比情况见图 3-2-10。针对这种情况,利用 GPS 的定点功能对卫星图像上没有显示的居民建筑路段的起点和终点进行定位,或使用 GPS 的航迹功能沿着新建区域边缘行走一圈,可比较精确地测定新建区域所涉及的路段桩号以及长度,为后期的声环境影响预测与评价提供基础数据。若该处噪声超标,则也为提出声屏障等防护措施的工程量提供理论依据。经 GPS 定点量算,该村新建区域对应路段长度为 304m。

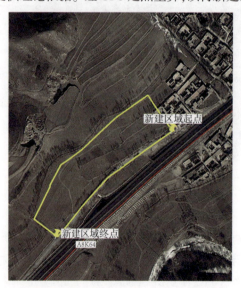

图 3-2-10　居民点卫星图以及航拍对比情况图

二、水环境定位调查案例

西藏自治区某公路工程:本工程为新建工程。现场调查前经咨询城乡建设部门得知,公路工可路线走向可能涉及该县地表水水源地。调查人员随即前往该地表水水源地取水口进行调查,通过 GPS 定位得知该水井与公路路线的相对位置关系,经量算,该水源地距离拟建路线中心线最近距离为 420m,不涉及该水源地保护区,水源地与拟建公路的位置关系见图 3-2-11。水源地位于该线位下游,工程桥梁施工会对水质产生一定影响,环评中分别进行了预测并提出了切实可行的环境风险防范措施。

图 3-2-11 水环境目标定位调查

三、植被类型定位调查案例

西藏日喀则地区某公路改造工程:本工程沿线两侧植被主要为西藏锦鸡儿灌丛、藏北嵩草沼泽草甸、固沙草+黄芪(针茅)以及人工栽培农作物。通过 GPS 定位技术,结合沿线实地调查,可快速判断解译沿线植被类型特征以及分布,如图 3-2-12 所示,现场准确标注了路线左侧的西藏锦鸡儿灌丛以及右侧的藏北嵩草沼泽草甸等植被类型。通过 GPS 对各种植被类型的典型样方进行定位,有助于建立遥感解译标志,为利用遥感技术制作植被类型分布图提供训练和验证样本。

四、取弃土场、料场定位调查案例

西藏日喀则地区某公路改造工程:工可报告沿线共设置 5 处取土场,均位于路线左侧的灌木林地和荒地内。经现场调查得知,5 处取土场中的 1 处因位于自然保护区内,必须取消;因此,根据土石方平衡的需要,需在现场增补 1 处取土场。图 3-2-13 中,除了公路设计单位在工可报告中设置的 1 号取土场外,调查人员根据地形地貌、植被以及土壤条件初步拟定了备用取土场,二者均位于冲积扇区域,通过 GPS 定位将此取土场的位置予以确定并反馈给公路设计单位。

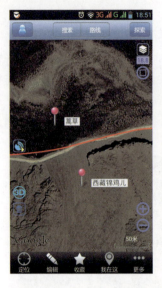  

图 3-2-12　植被类型定位调查

图 3-2-13　取土场定位调查

五、文物定位调查案例

青海省海东市某公路工程：工程沿线分布多处文物保护单位。调查人员在调查邻近路线的老鸦村这一声环境和空气环境敏感点时，经咨询村民，得知该村有一座佛堂——延福寺，是一处社会环境保护目标。为确定该佛堂与拟建公路的位置关系，调查人员在当地居民的指引下来到延福寺，并通过 GPS 进行定位。通过卫星图实时显示测距，延福寺距离公路中心线约 210m。延福寺与公路位置关系见图 3-2-14。拟建公路与延福寺之间有高速公路相隔，工程建设对其基本无影响。

图 3-2-14　社会环境保护目标定位调查

六、保护区边界定位调查案例

西藏那曲地区某公路改扩建工程：工程穿越色林措国家级自然保护区实验区，在现场调查前，已通过 GIS 图形叠置功能将自然保护区与路线走向叠加，但由于自然保护区的成图比例尺较小，叠图的误差估计能达上百米，公路与保护区的位置关系有待进一步到现场确认。现场调查时，调查人员在公路路线与保护区的叠置交界处沿着老路缓慢行驶并搜寻自然保护区边界的标识，在老路边上发现了自然保护区的界碑，予以 GPS 定位。经对比，发现叠置图上保护区边界与实际保护区边界存在一定的误差，应以实际调查为准。通过现场 GPS 定位明确了公路与保护区的位置关系，给出了工程涉及保护区的桩号范围，提高了环评预测以及环保措施的准确度、针对性，建议设计单位对穿越自然保护区的路段进行优化。如图 3-2-15 所示。

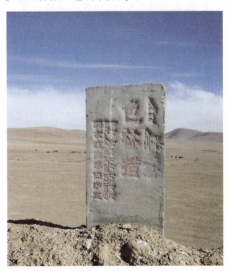

图 3-2-15　保护区边界定位调查

七、名树古木定位调查案例

西藏林芝某公路改扩建工程：工程地处温带半湿润高原季风气候和亚热带半湿润季风气候区，植被垂直带分布明显，物种丰富。环评调查前，通过收集资料得知沿线某村镇附近存在国家级保护植物——桫椤，但具体位置以及与公路的位置关系未知，有待现场调查进一步确认。现场调查时，调查人员在村名的帮助下，在该村镇附近发现了该保护植物，并予以GPS定位，再与叠置图上公路路线量算，得知该保护树种距离公路中心线距离大约为120m。虽然公路路基建设并不占用桫椤所在土地，但工程建设时需严格划定施工范围，增强施工人员环保教育，严禁砍伐以及破坏该保护植物的行为。如图3-2-16所示。

图3-2-16　名树古木定位调查

除以上具体案例外，GPS定位技术还适用于评价范围内其他敏感目标如水井、温泉、跨河路段、锅炉、敬老院、动物分布等调查，本章不一一列举，仅以以上案例抛砖引玉。

本篇参考文献

［1］王解先.全球导航卫星系统GPS/GNSS的回顾与展望［B］.工程勘察，2006.3：55-60.

［2］闻新，刘宝忠.GLONASS卫星导航系统的现状与未来［J］.中国航天，2004.9，19-23.

［3］The Galilei Project：GALILEO Design Consolidation，European Commission，Esys，2003.

［4］一舟.中国的GPS——北斗星导航定位系统［J］.中国水运，2005，No1.

［5］周忠谟，易杰军.GPS卫星测量原理与应用［J］.北京测绘出版社，1992.

［6］王广运，郭秉义，李洪涛.差分GPS定位技术与应用［M］.北京.电子工业出版社，1996.

［7］www.google.cn/map.

第四篇 激光测量技术

第一章 概 述

随着现代科技的不断进步,激光测量技术已逐渐地被广泛应用于多个领域[1]。而在当今"环保政策越来越完善,环评要求越来越严格"的现状下,公路环评环境现状调查工作中的测量技术也应不断地进行创新与发展。本篇结合激光测量技术的原理及特征,对激光测量技术在公路环评中的应用情况进行讲述。

第一节 激光测量基本原理

20 世纪 60 年代,激光技术开始被用于一些测量仪器中。经过不断探索,激光测量技术得到迅速发展。目前,激光测量技术应用领域广泛,公路环评中主要是在现场调查时采用激光测距设备进行距离、宽度、高差等一些基本指标的测量。

激光测距是指根据激光往返时间测定距离的方法。由于激光方向性强、亮度亮、单色性好等特点,较超声波等测量载体有更好的适用性,因此激光测距仪已被广泛应用于遥感、精密测量、工程建设、安全监测以及智能控制等领域,涉及多种学科。激光测距技术与一般光学测距技术相比,具有操作方便、系统简单及白天和夜晚都可以工作的优点。与雷达测距相比,激光测距具有良好的抗干扰性和很高的精度,而且激光具有良好的抵抗电磁波干扰的能力,尤其在探测距离较长时,激光测距的优越性更为明显[2]。根据传播时间测定方法的不同,通常可以把激光测距技术分为相位激光测距和脉冲激光测距两种[3]。

一、相位激光测距原理[4]

相位激光测距是采用无线电波段频率的激光,进行幅度调制并将正弦调制光往返测距仪与目标物间距离所产生的相位差测定,根据调制光的波长和频率,换算出激光飞行时间,再依次计算出待测距离。设调制频率为 f,调制波形如图 4-1-1 所示,波长为 $\lambda = c/f$,c 为光速。光波从 A 点传播到 B 点的相移 φ 可表示为:

$$\varphi = 2m\pi + \Delta\varphi = 2\pi(m + \Delta m) \quad (m=0,1,2,\cdots)$$
(4-1-1)

式中,$\Delta m = \dfrac{\Delta\varphi}{2\pi}$。若光从 A 点传到 B 点所用时间为 t,则 A、B 两点之间的距离为:

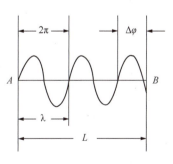

图 4-1-1 相位测距原理图

$$L = ct = c\frac{\varphi}{2\pi f} = \lambda(m + \Delta m) \tag{4-1-2}$$

式(4-1-2)为激光相位测距公式。只要测出光波相移 φ 中 2π 的整数 m 和余数 Δm，便可由式(4-1-2)求出被测距离 L。所以，调制光波的波长 λ 是相位测距的一把"光尺"。

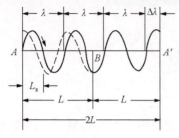

图 4-1-2　光波经距离 2L 后的相位变化

实际上，采用测距仪直接测量 A 和 B 两点光波传播的相移是不可能的。因此，采用在 B 点设置一个反射器，使从测距仪发出的光波经靶标反射再返回到测距仪，由测距仪的测相系统对光波往返一次的相位变化进行测量。如图 4-1-2 所示为光波传播 2L 距离后相位变化示意图，假设测距仪的接收系统置于 A' 点（实际上测距仪的发射和接收系统都是在 A 点），并且有 $AB=BA'$，$AA'=2L$。由式(4-1-2)可得：

$$2L = \lambda(m + \Delta m)$$

则：

$$L = \frac{\lambda}{2}(m + \Delta m) = L_s(m + \Delta m) \tag{4-1-3}$$

式中，L_s 为半波长度，$L_s = \lambda/2$。这时，L_s 作为量度距离的光尺。

相位测量技术只能测量出不足 2π 的相位尾数 $\Delta \varphi$，即只能确定余数 $\Delta m = \Delta / 2\pi$，而不能确定相位的整周数 m。因此，当被测距离 L 大于 L_s 时，用一把光尺是无法测定距离的。当距离小于 L_s 时，即 $m=0$ 时，可确定距离 L 为：

$$L = \frac{\lambda}{2} \cdot \frac{\Delta \varphi}{2\pi} \tag{4-1-4}$$

由此可知，如果被测距离较长，可降低调制频率，使得 $L_s > L$，即可确定距离 L。但由于测相系统存在测相误差，增大 L_s 会使测距误差增大。为能够实现长距离高精度测量，可同时使用 L_s 不同的几把光尺。最短的尺用于保证必要的测距精度，最长的尺用于保证测距仪的量程。

二、脉冲激光测距原理

脉冲激光测距是利用激光脉冲连续时间极短，能量在时间上相对集中，瞬间功率很大（一般可达兆瓦级）的特点，在有靶标的情况下，脉冲激光测量可达极远的测程。在进行几千米的近程测距时，如果精度要求不高，即使不使用靶标，只利用被测目标对脉冲激光的漫反射取得反射信号，也可以进行测距。

脉冲激光测距原理如图 4-1-3 所示。由脉冲激光器发出持续时间极短的脉冲激光，称之为主波，经过待测距离 L 后射向被测目标，被反射回来的脉冲激光称之为回波，回波返回测距仪，由光电探测器接收，根据主波信号和回波信号之间的时间间隔，即激光脉冲从激光器到被测目标之间的往返时间 t，则可计算出待测目标的距离。

$$L = \frac{ct}{2} \tag{4-1-5}$$

式中：c——光速。

脉冲激光测距仪主要由激光器、光电检测器、干涉滤光片、光阑、放大器、整形电路、触发器、计数器、时钟脉冲振荡器组成。如图 4-1-3a)所示为脉冲激光测距仪的结构图,其工作过程是:首先开启复位开关 K,复原电路给出复原信号,使整机复原,准备进行测量;同时触发脉冲激光发生器 1,产生激光脉冲。该激光脉冲有一小部分能量由参考信号取样器直接送到接收系统,作为计时的起始点。大部分光脉冲能量射向待测目标,由目标反射回测距仪的光脉冲能量被接收系统接收,这就是回波信号。参考信号和回波信号先后由光电探测器转换成为电脉冲,并加以放大和整形。整形后的参考信号能使触发器 7 翻转,控制计算器 8 开始对晶体振荡器 9 发出的时钟脉冲进行计数。整形后的回波信号使触发器的输出翻转无效,从而使计数器停止工作。图 4-1-3b)为结构图中各点的信号波形。根据计数器的输出计算出待测目标的距离。

$$L = \frac{cN}{2f_0} \qquad (4\text{-}1\text{-}6)$$

式中:N——计数器计到的脉冲个数;

f_0——计数脉冲的频率。

在图 4-1-3a)中,干涉滤光片和小孔光阑的作用是减少背景光及杂散光的影响,降低探测器输出信号的背景噪声。

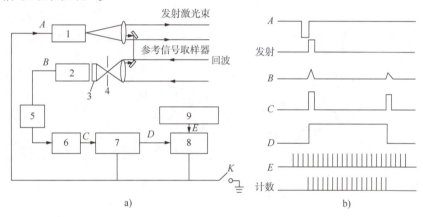

图 4-1-3 脉冲激光测距仪原理图

测距仪的分辨率 P_L 取决于计数脉冲的频率,根据式(4-1-5)可知:

$$f_0 = \frac{c}{2P_L} \qquad (4\text{-}1\text{-}7)$$

若要求测距仪的分辨率为 $P_L = 1\text{m}$,则要求计数脉冲的频率为 150MHz。由于计数脉冲的频率不能无限制提高,脉冲测距仪的分辨率一般较低,通常为数米的量级。

脉冲测距的误差由式(4-1-5)可得出:

$$\delta_L = \frac{t}{2}\delta_0 + \frac{c}{2}\delta_t \qquad (4\text{-}1\text{-}8)$$

光速 c 的精度 δ_0 取决于大气折射率 n 的测定,由 n 值测量误差而带来的误差为 10^{-6}。所以,对短距离脉冲激光测距仪(几米到几十千米)来说,测距精度主要取决于时间 t 的测量精度 δ_t,而影响的因素很多,如激光的脉宽、反射器和接收系统对脉冲的展宽、测量电路对脉冲信号的响应延迟等。

第二节　常用的激光测量设备

一、常用激光测量设备介绍

目前,常用的激光测量设备主要有手持式激光测距仪、全站仪、三维激光扫描仪、车载移动测量系统、机载激光测量系统等(图4-1-4)。

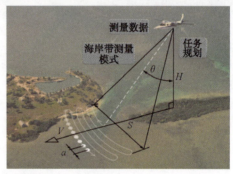

图 4-1-4　常用激光测量设备的不同类型
θ-倾角;H-高度;S-幅宽;V-船向;a-云密度

1. 手持式激光测距仪[5]

手持式激光测距仪是利用激光对目标的距离进行准确测定的仪器。激光测距仪在工作时向目标射出一束很细的激光,由光电元件接收目标反射的激光束,计时器测定激光束从发射到接收的时间,计算出从观测者到目标的距离。具有测程近、精度高、体积小等突出特点[6],广泛应用于各种领域。目前,激光测距仪的种类很多,按照测程可分为短程激光测距仪、中远程激光测距仪和超远程激光测距仪三类;根据原理不同分为脉冲式激光测距仪和相位式激光测距仪两类。

随着激光技术、计算技术、电子技术的发展,特别是半导体、微处理器、集成电路等的发展,激光测距仪逐步朝着智能化、数字化、小型化、高效率、低功耗的方向发展。从20世纪70年代初至今的几十年里,国外的很多研究机构、大学以及公司都致力于激光测距的研究,内容遍布各分系统到整机应用,产品涉及航天、工业、海洋等诸多方面。20世纪80年代末,除美国之外,日本和欧洲也开始了空间激光测距系统的研发,激光测距技术在空间测量上的应用越来越广泛。我国从1974年开始着手于激光测距仪样机的研制与生产,90年代开始研制手持式激光测距仪,发展迅速,目前国内已有不少激光测距仪生产商,他们研制生产的激光测距仪性价比较高。但在应用半导体激光器进行小型化激光测距仪生产的技术方面,国内相对于国外仍旧较落后,加上集成电路的开发设计和光学器件的加工方面远不能达到发达国家的水平,国产便携式激光测距仪的精度和功能等方面与国外比差距甚远。

2.全站仪

全站仪,即全站型电子速测仪。它是将测距装置、测角装置、微处理机结合在一起的光电测量仪器,可以同时进行距离、高差、角度、坐标的测量,测量及计算的结果能自动显示在屏幕上,并可以记录、存储、输入和输出数据[7]。全站仪是随着光学、机械、电子等诸多学科的发展而出现的现代测量仪器。它的出现,使测绘科学的理论、方法和技术都发生了变化,极大地促进了测量技术自动化和一体化发展[8]。按其外观结构,全站仪可分为积木型和整体型两类;按测量功能可分为经典型全站仪、机动型全站仪、无合作目标性全站仪、智能型全站仪四类;按测程可分为短距离测距全站仪、中测程全站仪和长测程全站仪三类。现在的全站仪具备大量的特殊测量程序,功能越来越强大,广泛应用于工程建设和设备安装等多个领域。

目前比较常用的全站仪品牌,国外的有瑞士 Leica、日本 Topcon、Nikon、美国 Trimble 等,国内的有北京博飞、苏州一光、天津欧波等。

3.三维激光扫描仪

三维激光扫描技术又被称为实景复制技术,是利用激光测距的原理,通过记录被测物体表面大量密集点的三维坐标、反射率和纹理等信息,可快速复建出被测目标的三维模型及线、面、体等各种图件数据。三维激光扫描仪作为光、机、电等技术集成化的新型测绘仪器,种类繁多,按测距原理可分为三角法、脉冲式、相位式和脉冲—相位式激光扫描仪;按测量平台可分为:地面固定型、车载型、手持型及机载型激光扫描仪;按测量的扫描距离可分为:短距离型、中距离型及长距离型激光扫描仪。目前,三维激光扫描技术已经成为当前研究的热点之一,并在文物数字化保护、土木工程、工业测量、自然灾害调查、数字城市地形可视化、城乡规划等领域有广泛的应用。

三维激光扫描技术是 20 世纪 90 年代中期开始出现的一项高新技术,是继 GPS 空间定位系统之后又一项测绘技术新突破。国外对三维激光扫描技术的研究较早。1997 年,加拿大国家研究理事会的 El-Hakim 等人通过三维激光扫描仪和 CCD 摄像机构建了一个简单的数据采集系统,实现对室内场景的三维仿真建模;20 世纪末,美国的 CYRA 和法国的 MENSL 两家公司引领了测绘领域新技术应用的新浪潮,率先将三维激光扫描技术推广应用到测绘领域;2003 年奥地利应用 Rigel 公司的 LMS-Z420 远程地面三维激光扫描仪对 1000m 以外的阿尔卑斯山雪层、冰川变化进行监测。国内的三维激光扫描技术与国外相比稍显落后,但也取得了不错的成效,如武汉大学自主研制的 LD 激光自动扫描测量系统,能够快速获取物体表面的点云数据;天远 OKIO 系列地面三维激光扫描仪,主要用于工业产品的制造或创新设计等;2000 年至今,北京大学的三维视觉与机器人实验室利用三维激光扫描技术实现了被扫描对象的三维仿真模型和场景空间区域模型等[9]。

4.车载移动测量系统

车载移动测量系统(Vehicle-borne Mobile Surveying System,VMSS)是一种快速移动三维信息获取系统,其集成有激光扫描仪、线阵/面阵 CCD 相机、GPS、IMU、里程计等传感器,具有成本低、机动性好、速度快、实时性强、精度高等显著特点,广泛地应用于测绘、勘测部门的道路测量、地图修测;智能交通领域导航电子地图的数据采集和生成;公安部门的交通事故勘测、流动违章处理;交通部门的高速公路修测、监控及管理;城市规划中城市地图、规划图等的更新等。

车载移动测量系统是在 GPS、GIS、航测遥感、光学、机械、电子、计算机等技术的基础上发展起来的,是当今测绘界最前沿的科技之一,代表着未来道路测量的发展主流。车载移动测量技术的发展要追溯到 20 世纪 80、90 年代,1989 年美国俄亥俄州立大学推出了第一款车载移动测量系统 GPSVan。1995 年,加拿大卡尔加里大学与 Geofit 公司于 1995 年联合推出的 VISAT 机动制图系统,采用了双频载波相位差分 GPS 和精度较高的 INS 惯导模块,使得精度得到了更大的提升。随后几年,随着相关技术的不断成熟,车载移动测量技术得到了蓬勃发展,欧美等发达国家先后研制出多种车载移动测量系统商业产品,其中主要包括 OPTECH 公司的 Lynx(山猫)、TRIMBLE 公司的 TMX-3(landmark)、RIEGL 公司的 VMX-450、TOPCON 公司的 Ip-S2、IGI 公司的 StreetMapper 等。国内开展车载移动测量技术的研究在 2000 年后也有了较快的发展。国内第一款产品是由武汉大学与武汉立德空间数据技术有限公司于 2002 年联合推出 LD2000-RM 移动测量系统。此外,国内很多高校、研究所及公司等都在移动测量技术方面做了相关的研究,相关产品有武汉大学研发的 WUMMS(Wuhan University Mobile Mapping System),山东科技大学、武汉大学、中国测绘科学研究院和同济大学研发的 3Dsurs(3D Surveying System),首都师范大学和中国测绘科学研究院联合研发的 SSW(Shoushi Si Wei),南京师范大学和武汉大学合作研发的 3DRMS(3D Road Mapping System)等[10-12]。

5. 机载激光测量系统

机载激光测量系统(Light Detection And Ranging,LiDAR)是一种安装在飞机上的机载激光探测及测距系统,通过地面及机载 GPS、惯导系统定位、定姿态,配以激光测距,可直接导出地面点的三维坐标,配以数码相机获得数字影像。数据经过相关软件处理后,可以直接生成高精度的数字地面模型、正射影像图。目前,机载激光测量已经成为一种高效地获取高精度、可靠三维数据的新技术,集成了高精度动态 GPS 差分定位、惯性导航、激光测距等先进技术,具有受天气影响小、自动化程度高、成图周期短等特点,在国民经济建设中如农业、电力设计、海洋管理与开发、公路铁路设计、国土资源调查、考古与文物普查、交通旅游与气象环境调查、城市规划等各大领域中得到广泛应用[13-14]。

机载激光测量是一门新兴技术。20 世纪 80 年代,机载激光测量技术在多等级三维空间信息的实时获取方面产生了重大突破,20 世纪 90 年代,随着相关技术的不断成熟,机载激光测量技术得到了蓬勃发展。1988 年,德国斯图加特大学摄影测量学院开始研究机载激光扫描地形断面测量系统;1998 年,加拿大卡尔加里大学进行了机载激光扫描系统的集成与试验,通过对所购得的激光扫描仪与 GPS、INS 和数据通信设备的集成,实现了一个机载激光扫描三维数据获取系统,并进行了一定规模的试验,取得了理想结果;我国学者李树楷利用 GPS、INS、扫描激光测距和扫描成像仪进行集成而得到一套全新的航空遥感系统—机载三维成像仪,于 1996 年完成该系统原理样机的研制。比较成熟典型的机载激光测量系统有瑞典的 Top-Eye 机载系统、德国的 TopoScan 系统、加拿大 Optech 公司的 ALTM1020GG 系统、美国 NASA 的 LVIS 系统和 Lidar 系统等[15]。

二、适用于公路环评中的激光测量设备

根据建设项目各环境要素的影响评价导则，激光测量设备在公路环评中的应用主要有：公路沿线生态环境现状调查中树木高度、间距的测量，以利于掌握公路沿线所分布林地的基本情况；公路沿线地面水环境现状调查中河流宽度的测量，用于河流水体水质监测方案中水体取样点的确定；公路沿线声环境现状调查中声源和敏感点之间的距离测量、声传播障碍物高度的测量以及敏感建筑高度的测量等，为声环境影响预测提供必要的基础资料等。从上述情况不难看出，激光测量设备主要是用于现场调查，在开展野外工作中使用。这就要求测量设备应具备便携轻巧、简单操作、便于野外测量使用等特点。而常用激光测量设备中，全站仪、三维激光扫描仪、车载移动测量系统、机载激光测量系统等测量设备相对较大，携带不便，操作也相对复杂。同时，这些测量设备功能相对齐全，用途较多，全站仪主要是用于大型建筑、地下隧道等施工精密工程测量；三维激光扫描技术可获取空间点云数据，快速建立结构复杂、不规则场景的三维可视化模型，主要用于文物数字化保护、数字城市地形可视化、城乡规划等领域；车载移动测量系统主要用于测绘、导航电子地图数据采集、交通事故勘测、高速公路修测、城市地图和规划图更新等；机载激光测量系统主要用于国土资源调查、考古与文物普查、交通旅游与气象环境调查、城市规划等各大领域。但从公路环评现状调查内容来看，现场调查中主要是使用测量设备的测距、测高等一些基本功能。所以，结合测量设备的自身特点和公路环评现状调查内容及要求，比较适用于公路环评现状调查工作的是手持式激光测距仪。

目前手持式激光测距仪的种类较多，根据其外形体积可分为短程手持激光测距仪、望远镜式激光测距仪两类。短程手持激光测距仪测量距离一般在 200m 内，精度在 2mm 左右。在功能上除能测量距离外，一般还能计算测量物体的体积。比较常用的短距离手持测距仪主要有 LEICA、BOSCH、HILTI 等[16]；望远镜式激光测距仪测量距离一般在 500~3000m，这类测距仪测量距离比较远，但精度相对较低，精度一般在 1m 左右。较常用的望远镜手持式激光测距仪有 LTI、TRUEYARD、ORPHA、BUSHNELL、NIKON 等。根据其发展历程，可分为普通手持式激光测距仪、激光测距测高仪和掌上型简约全站仪。普通手持式激光测距仪轻巧便携、操作简单，主要在室内工程上使用，多用于室内测量，如房屋部门进行房屋的丈量等；激光测距测高仪除了具备普通手持式激光测距仪轻巧便携、操作简单的特点外，在功能上也更加强大，适用于野外测量；掌上型简约全站仪是在激光测距测高仪基础上的又一升级，它基本涵盖了激光测距测高仪的所有功能，继承了优点，功能上增加了测量方位角和空间三维对边测量跨距，实现从任意角度进行操作的 360°测量效果。

第三节　激光测量设备及操作

激光测距仪通常由激光发射器、接收器、钟频振荡器及距离计数器等组成。目前市场上销售的手持激光测距仪产品种类较多，生产厂商大都来自瑞士、德国、美国等国家。手持式激光测距仪的系列和型号很多，但使用方法基本相似，本章以掌上型简约全站仪图柏斯 TruPulse 360(B) 为例，讲述手持式激光测距仪的组成及操作。

一、激光测距仪的组成与功能

手持激光测距仪具有便携轻巧、操作简单等特点,集免反射棱镜激光测距、垂直角传感器、电子罗经于一身,由发射键、上(下)翻菜单键、可调目镜、激光接收镜头、物镜等部分组成(图4-1-5),具有测量斜距、水平距离、垂直距离、倾斜角、方位角或立即计算任何物体的高度或远离测距仪位置的两点之间的空间跨距等多种测量功能(图4-1-6)。

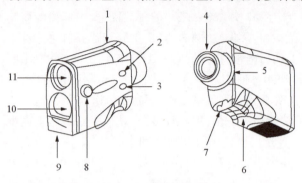

图4-1-5 激光测距仪结构

1-发射键(开机键);2-上翻菜单键;3-下翻菜单键;4-可调目镜;5-屈光度调节环;6-脚架连接口;7-吊带和镜头盖栓靠杆;8-RS232数据输出端口;9-电池盒盖;10-激光接收镜头;11-激光发射镜头/观看物镜

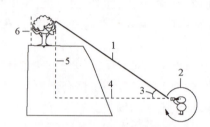

图4-1-6 激光测距仪功能

1-斜距(SD);2-方位角(AZ);3-倾斜角(INC);4-水平距离(HD);5-垂直距离(VD);6-高差测量(HT)

二、激光测距仪测量原理与操作

公路环境影响评价现状调查中采用激光测距仪主要完成距离测量、高差测量以及两点间跨距的测量。

1.距离测量

距离测量主要是单点测距,其模式中包括水平距离(HD)、垂直距离(VD)和斜距(SD)。

①开机后,通过目镜查看,使用十字准线瞄准目标。

②按发射键,获取有关目标的数据。

③按上翻、下翻菜单键,在水平距离(HD)、垂直距离(VD)、斜距(SD)等各功能中滚动,即可查看每项功能获取的测量结果。

2.高差测量

高差测量有三点测高差、两点测高差两种模式可以完成。

(1)三点测高

三点测高,即对目标执行三次发射的简单例行程序:HD(水平距离)、底部或顶端INC(倾斜角)和顶端或底部INC。测距仪将通过这些测量结果计算被测目标高度。具体操作过程如下:

①开机后,选择测量目标,通过目镜查看,使用十字准线水平瞄准目标。HT指示器稳定显示,HD指示器闪动,按住发射键,即可测量出水平距离。

②测量的水平距离在主显示器短暂显示后,Ang_1和INC指示器闪动,瞄准目标底部(顶端)并按住发射键,即可测量出底部(顶端)倾斜角。

③倾斜角在主显示器中短暂显示后,Ang_2 和 INC 指示器闪动,瞄准目标顶端(底部)并按住发射键,测量的顶端(底部)倾斜角会在主显示器中短暂显示,然后测距仪将根据其与测量目标的水平距离及底部和顶端倾斜角计算出目标的实际高度,显示在测距仪显示屏幕上。

(2)两点测高

两点测高,即对目标顶部和底部分别执行 VD(垂直距离)测量模式,测距仪将根据两次测量数据的绝对值进行加和,即可得到被测目标实际高度 H。

①开机后,瞄准测量目标,选择 VD(垂直距离)测量模式,瞄准目标顶部发射激光,此时可测量出测距仪中心位置与测量目标顶部之间的垂直距离 H_1。

②瞄准目标的底部发射激光,此时可测量出测距仪中心位置与测量目标底部之间的垂直距离 H_2(此时屏幕上显示的数字可能是负数,取正值)。

③将两次测量数值相加,即 H_1+H_2 则为被测目标实际高度 H。

3.跨距测量

跨距测量是描述三维空间中两点之间关系的距离。对被测目标进行两次发射,即"发射1"和"发射2",测距仪则会根据两点的倾斜角、斜距等测量结果计算两点间的跨距。具体操作过程如下:

①开机后,选择测量目标,通过目镜查看,使用十字准线瞄准第一个目标,向上或者向下滚动按键,直到屏幕的底部出现 ML,HD 指示器闪动,按住发射键,测量第一个目标的水平距离则在主显示器中显示。

②松开发射键,主显示器中稳定显示"Shot2",HD 指示器闪动(ML 稳定显示),通过目镜查看,使用十字准线瞄准第二个目标,按住发射键,测量的第二个目标的水平距离则在主显示器中显示。

③松开发射键,HD 和 ML 稳定显示,主显示器中则显示出测距仪计算的空间接线两点间的跨距。

第二章 激光测量技术在公路环境现状调查中的应用

公路环评中开展公路沿线环境现状调查时,通常会涉及林地、河流以及居民住宅(声环境敏感点)等,这时则需要对公路沿线林地、河流等自然环境现状以及声环境敏感点等情况进行掌握与描述。实际工作中,每个项目均有其特点,现场调查也经常会遇到不便采用卷尺等普通方式进行测量的情况,如不便走近的林地、河流宽度的测量等,将望远镜手持式激光测距仪应用于此种情况中,则可很好地解决现场测量问题,且可以节省现场调查的时间,有效地提高现场调查的工作效率。

第一节 激光测量技术在林地调查中的应用

生态现状调查是生态现状评价、影响预测的基础和依据[17],而林地调查是公路环评生态环境现状调查的重要内容。公路项目长度不一,通常十几千米至几百千米不等,其沿线经常会有林地分布,特别是当公路经过农村和林业较发达的区域,尤为常见。公路沿线一些常见林地如图 4-2-1 所示。为了清楚地调查与核实公路沿线评价范围内林地的基本情况,首先充分收集与研读工可研资料和其他工程区已有的研究成果,通过工程设计路线与 Google Earth 图形叠置、系统分析等,初步掌握公路沿线林地的分布情况;然后进行现场踏勘,进一步核实并详细调查林地的类型、树木高度与间距等基本情况。

公路沿线的林地调查除了要调查林地的类型、功能、优势物种及个体数、胸径等,还应掌握树高、树间距等基本特征,为公路沿线生态环境现状的描述提供基础资料。目前,公路环评生态现状调查中林地的调查通常是采用卷尺,一般至少需要两人进入林地来进行操作,且采用卷尺无法测量树高,这种采用卷尺测量的方式较为落后,不仅耗费人力,而且效率较低。林地现场调查时一般根据经验来估测树木高度,这样受人的主观因素影响较大。所以,采用先进的测量仪器设备和科学的调查方法,是解决林地调查工作难题和提高调查工作效率的重要手段。下面以公路环评的实际案例来讲述激光测量设备在林地调查中的应用情况。

一、树高的测量

以某新建公路项目为例。项目路线全长 35.377km,评价区域处于北亚热带与暖温带过渡气候区,地带性植被属中国北亚热带东部偏湿性常绿落叶阔叶林,但由于长期的人工经营,农业复种指数较高,项目沿线评价范围内多为人工栽培群落,主要为农田作物植被,占评价范围的 72.4%。农田是景观生态中的优势斑块,而人工林分布于农业生态系统中,占评价范围的 25.9%,是评价范围内常见的一种类型,有较大的分布面积。该区域人工林主要是以杨树为主的阔叶林,群落密度大,种植整齐,树木平均高度 15m 左右。

通常依靠经验估测树木高度的方法受人为主观因素影响较大,而传统的卷尺测量无法用于现场树高的调查。所以,采用先进的激光测量设备可以方便、快捷地完成树高的测量,

图 4-2-1 公路沿线常见的林地分布

且无需踏入林地,可节省调查时间,有效地提高现场调查效率。采用手持激光测距仪对公路沿线林地中树木的高度进行测量,需对测量树木执行 HD(水平距离)、INC 底部(或顶端)和 INC 顶端(或底部)三次发射程序(图 4-2-2)。首先,选择要测量树木,通过目镜查看,使用十字准线瞄准被测量树木 H_1,尽可能地使物镜与被测量树木 H_1 保持在同一水平面上;其次,按照激光测距仪高差测量操作步骤,水平瞄准 H_1 发射第一条水平射线,即可获取水平距离 OH_1,然后依次瞄向被测量树木底部 H_2 和顶端 H_3,即可获得底部和顶端的倾斜角;最后,测距仪根据水平距离以及底部倾斜角和顶端倾斜角计算被测树木的实际高度 H,即测量得出被测树木的实际高度为 13m。

图 4-2-2　树高测量示意图

二、树间距的测量

以某改扩建高速公路项目为例。项目路线全长 26.4km,在原路基础上进行加宽扩建,路线走向与老路相同。评价区域处于北亚热带与暖温带过渡气候区,在植被区系划分上属于暖温带落叶阔叶林区,兼有部分亚热带植物。由于长期的人工经营,农业复种指数较高,以人工栽培植被为主,其中植被类型为栽培农作物植被、人工林。人工林种植整齐,生长状况良好,主要为杨树林、枣树林等。其中,杨树林平均高度 15m 左右,树间距约 2.5m;枣树林有纯枣园矮化密植型和农枣间作型两种,纯枣园矮化密植型株行距为 2m×3m;农枣间作型行距为 3m×4m 或 4m×5m,常与小麦、花生、红薯、瓜果类等粮食和经济作物间作,可改良田间小气候。

工程建设将会对杨树林、枣树林以及既有公路防护林等林地造成一定影响。由于该工程为改扩建高速公路,原公路有防撞栏杆和边沟相隔,所以沿线调查多数不便实地进入林地进行树间距的测量,而激光测距仪的使用则可方便于此种情况下的测量,同时节省现场调查时间,提高工作效率。采用手持激光测距仪对林地中树木间距进行测量(图 4-2-3),主要采用测距仪两点间跨距测量功能,如前述测距仪操作中描述,树间距的测量需对两颗被测量树木进行两次发射,即可完成树间距的测量。首先,选择测量目标,通过目镜查看,使用十字准线瞄准第一棵被测量树木,将测距仪调至水平距离测量模式(HD);然后,用测距仪先后分别瞄准两棵被测树木 L_1 和 L_2,按下发射键。此时,难以保证 L_1L_2 完全水平,两点之间很有可能存在一定斜度,那么 L_1L_2 则为斜距。而激光测距仪的原理是根据两点间的斜距、斜度计算其水平距离 L,即测量得出被测树间距为 2.5m。

图 4-2-3 树间距测量示意图

第二节 激光测量技术在河流调查中的应用

公路环评水环境现状的调查范围,应能包括建设项目对周围地面水环境影响较显著的区域。在此区域内进行的调查,能全面说明与地面水环境相联系的环境基本状况,并能充分满足环境影响预测的要求。根据地面水环境影响评价技术导则[18],开展地面水环境现状调查时,应尽量向有关的水文测量和水质监测等部门收集现有资料,当现有资料不足时,应进行一定的水文调查和水质实测。而制定河流水体水质监测方案,首先应在调查范围的两端确定取样断面,且调查范围内重点保护水域和重点保护对象附近水域、水文特征突然变化处(如支流汇入处等)、水质急剧变化处(如污水排入处等)、重点水工构筑物(如取水口、桥梁涵洞等)附近、水文站附近等应布设取样断面;然后应在取样断面上确定取样点,取样点的确定则根据河流的宽度不同而有所不同,即对于大、中河而言,河宽小于 50m 者,在取样断面上各距岸边三分之一水面宽处,设一条取样垂线(垂线应设在有较明显水流处),共设两条取样垂线;河宽大于 50m 者,在取样断面的主流线上及距两岸不少于 0.5m 并有明显水流的地方,各设一条取样垂线,即共设三条取样垂线。故河流宽度的调查是公路环评水环境现状调查必不可少的内容。

由于河流自身的特征,传统的卷尺测量方式不宜使用于河流宽度的测量,所以,目前环评工作开展中多以收集或查阅资料、通过地图或 Google Earth 测量等方式来获取河流的宽度。而采用此方式得到的结果与实际情况常会有偏差,并且在实际工作中不难发现,由于不能获得最新的或比例合适的地图,常会出现在地图中无法找到某些河流的情况。另外,河流宽度随河流水体水量的变化而不断变化,而 Google Earth 并非实时更新影像,所以采用

Google Earth 测量难以完全真实地反映河流的实际情况。将望远镜手持式激光测距仪应用于河流宽度调查,则可以在开展公路环评水环境现状调查时对河流宽度进行实时测量,很好地解决了上述存在的问题,真实地反映了河流的现状。

工程涉及河流的现状调查,首先根据工程的设计资料和工程区域地表水系图进行图形叠置,初步识别工程路线穿越或伴行的河流;然后,通过现场踏勘,调查掌握河流的基本情况。

现以某项目为例讲述河流宽度的调查情况。项目路线总长 15.9km,包括 15.3km 连续高架桥段(利用段 2.98km)和 0.6km 路基段。根据图形叠置结果,识别工程跨越 4 条河流,与 1 条河流伴行。通过现场调查,工程跨越淀南引河、丰产河、新开河、月牙河等河流水渠,全程与外环河伴行,公路所涉及的上述河流均属于大、中河范畴,水质类别为 V 类,水体功能主要为景观、绿化、农灌、排沥等。

沿线调查发现,公路所跨越河流多数可以通过采用手持激光测距仪在桥梁之上即时停车即时测量,方便快捷。采用手持激光测距仪对河流宽度进行测量(图 4-2-4),主要采用测距仪两点间跨距测量功能,如前述测距仪操作中描述,河流宽度的测量需分别对河流两侧进行两次发射,即可完成河宽的测量。首先,于其中一侧岸边任意选择一点 D_1,通过目镜查看,使用十字准线瞄准 D_1,将测距仪调至水平距离测量模式(HD);然后,用测距仪先后分别瞄准河流两岸边 D_1 和 D_2 处,按下发射键。此时,难以保证 D_1D_2 为垂直距离,两点之间很有可能存在一定倾斜度。所以,与树间距的测量原理相同,激光测距仪是根据两点间的斜距、斜度计算垂直距离,则测距仪屏幕上显示出的数据 30m 为河流两岸的垂直距离,即河流宽度为 30m。

图 4-2-4 河流宽度测量示意图

第三节 激光测量技术用于测量噪声敏感点

噪声问题是公路项目环境影响评价中重点关注的内容,敏感点噪声预测是公路项目环境影响评价的关键环节[19]。根据声环境影响评价技术导则[20],声环境现状调查的主要内容包括:项目所在区域的年平均风速和主导风向、年平均气温、年平均相对湿度等主要气象特征,评价范围内声源和敏感目标之间的地貌特征、地形高差及影响声波传播的环境要素,评价范围内不同区域的声环境功能区划情况以及各声环境功能区的声环境质量现状,评价范围内的敏感目标的名称、规模、人口的分布等情况,并以图、表相结合的方式说明敏感目标与建设项目的关系(如方位、距离、高差等)。而敏感目标主要指评价范围内的医院、学校、机关、科研单位、住宅、自然保护区等对噪声敏感的建筑物或区域。公路周边一些常见的敏感目标情况见图 4-2-5。对于城市道路、公路、铁路、城市轨道交通地上线路和水运线路等建设项目,满足一级评价的要求,一般以道路中心线外两侧 200m 以内为评价范围;二级、三级评价范围可根据建设项目所在区域和相邻区域的声环境功能区类别及敏感目标等实际情况适当缩小;如依据建设项目声源计算得到的贡献值到 200m 处,仍不能满足相应功能区标准值时,应将评价范围扩大到满足标准的距离。

图 4-2-5 公路周边常见敏感目标情况

公路项目一般路线较长且主要是为便民而修建,故通常沿线村庄或小区、学校、医院等噪声敏感点相对较多。首先根据工程设计路线走向与工程区域行政区划图进行图形叠置,初步识别公路沿线声环境敏感目标分布情况;然后开展现场调查,进一步核实并详细调查沿线声环境敏感目标的基本情况及声波传播途径障碍物的情况。声环境现状调查可为声环境影响预测提供需要的基础资料,包括声源和预测点间的地形、高差,声源和预测点间障碍物(建筑物、围墙等)的位置及长、宽、高等数据,这些影响声波传播的各类参量均需通过资料收集和现场调查取得或落实。将手持式激光测距仪应用于噪声敏感点的调查中,可方便、快捷、准确地测量公路与预测点间的距离、高差以及公路与预测点间障碍物高度等影响声波传播的各类参量。

一、声传播遮挡物高度测量

根据《环境影响评价技术导则 声环境》[20],公路与敏感目标之间影响声波传播途径的遮挡物主要有建筑物、围墙等。现以某城市快速公路项目为例,讲述激光测距仪在影响声波传播途径的障碍物高度测量中的应用情况。该项目全长1.37km,南北走向。根据工程设计路线走向与工程区域行政区划图进行图形叠置,初步识别公路沿线评价范围内共有5处声环境敏感目标,其中4处分布于工程东侧,1处分布于工程西侧。通过现场调查,工程沿线5处声环境敏感目标均为居民楼房,东侧的4处敏感目标均有底层被围墙或商业房屋遮挡的情况,4处敏感目标共有18栋敏感楼房,其中1栋未邻路,由邻路房屋遮挡;12栋底层由商业房屋遮挡,5栋底层由围墙遮挡。这些围墙、建筑物等声波传播途径障碍物的遮挡对噪声的传播有一定的阻隔作用,障碍物高度的准确性将直接影响公路声源对敏感目标噪声影响的预测结果。

1.围墙高度测量

现场调查发现,工程沿线敏感楼房中共有5栋楼房的底层由围墙遮挡。由于围墙的遮挡作用,降低了公路噪声对楼房底部两层的影响作用。采用手持激光测距仪对围墙高度进行测量,激光测距仪有两种测高模式,此处以三点测高模式为例(图4-2-6),按照激光测距仪

图4-2-6 围墙高度测量示意图

三点测高模式操作步骤,先后分别瞄准围墙水平(H_1)、底部(H_2)、顶部(H_3)三点测量,测距仪将根据其与围墙的水平距离(OH_1)、底部倾斜角(θ_1)和顶部倾斜角(θ_2)计算围墙的实际高度H,即测量得出围墙高度为3m。

2. 商业房屋高度测量

现场调查发现,工程沿线敏感楼房中大多数楼房的底层由商业房屋遮挡,遮挡高度2.5m。以两点测高模式为例(图4-2-7),按照激光测距仪两点测高模式操作步骤,调至垂直距离测量模式,分别瞄准房屋的顶部一点(A_1)和房屋的底部一点(A_2)进行测量,测距仪根据其与房屋的水平距离及底部和顶部倾斜角分别计算出顶部和底部两点距测距仪中心位置的垂直距离H_1和H_2(此时屏幕显示可能为负数,取正值),然后将H_1与H_2相加,则H_1+H_2即为测量房屋的高度。经现场测量,商业房屋遮挡高度为2.5m。

图4-2-7 商业房屋高度测量示意图

二、敏感目标测量

以某改扩建高速公路项目为例。项目全长220km,路基宽度28m,路基横断面设计维持技术标准不变,主要对现有路面进行大修,对部分桥梁进行维修加固,对部分沿线设施进行必要的改造。根据工程设计路线走向与工程区域行政区划图进行图形叠置,初步识别公路沿线评价范围内共有171处声环境敏感目标。其中125处是在公路两侧均有分布,21处位于公路右侧,25处位于公路左侧,所有声环境敏感目标中距公路中心线距离最远190m,大多数低于100m。

由于该工程主要是对现有公路路面进行大修,不改变公路路线,故可利用已有现状公路开展现场调查工作,即采用激光测距仪可在现状高速公路上直接测量沿线路边声环境敏感点的距离、建筑物高度等。工程沿线声环境敏感目标众多且多数距离公路相对较近,这样便大大节省了现场调查时间,有效地提高调查工作效率。如图4-2-8、图4-2-9所示,采用激光测距仪调查工程沿线的声环境敏感点情况。

图 4-2-8　公路与沿线声环境敏感目标之间距离测量示意图

图 4-2-9　公路沿线声环境敏感目标高度测量示意图

水平瞄准被测敏感房屋上一点(L_1),选择水平距离(HD)测量模式,测量得出公路边界与敏感目标之间的距离 L 为12m,根据路基宽度,即可得到公路中心线距离敏感目标的距离为26m。

选择垂直距离测量模式,先后瞄准被测量房屋的顶部一点(A_1)和底部一点(A_2)进行测量,分别得出测距仪中心位置与目标顶部一点(A_1)和底部一点(A_2)之间的垂直距离 H_1 和 H_2

（此时屏幕显示可能为负数，取正值），并记录测量数据，然后将 H_1 与 H_2 相加，即 H_1+H_2 则为所测量楼房的总高度。经现场调查测量，该敏感建筑高 9m，每层高 3m。

三、其他方式测量

公路项目遍布全国各地，其路线经过区域通常有高原、山地、平原、丘陵、盆地等各种地表形态。环评现场调查阶段也经常会遇到难以实地进行 GPS 定位的敏感目标，同时由于新建公路环评现场调查无法直接采用测距仪进行公路与敏感目标间距的测量，所以此时当遇到新建目标，即现场实际情况与现有影像资料不一致时，便难以获取敏感目标与公路位置关系的基本信息。此时可以借助 GPS 和测距仪进行偏移测量，远距离完成敏感目标的定位。后期将定位信息导入 Google Earth 中，同时，根据本书第一章所讲，将公路设计路线也叠入 Google Earth 中，即可获得敏感目标与公路位置关系的基本信息。

以某新建高速公路为例。项目位于山地区域，经现场调查，沿线有一处寺庙位于山坡处（估测距离公路较近，而现有影像资料中无此寺庙），其附近有一条高速公路，与本项目基本呈平行状。现场调查时沿此公路行驶较为方便，但走近寺庙则相对较为困难。此时，现场调查人员可采用 GPS 和测距仪进行偏移测量，方便快速地远距离对寺庙进行定位（图 4-2-10）。

图 4-2-10　基于 GPS 和测距仪的现场调查偏移测量图

首先，分别对 GPS 和测距仪进行初步设置并进行保存。然后，进行偏移观测具体操作，即在数据采集时将 GPS 调至偏移模式，并选中"距离—方位"偏移类型，此时使用激光测距仪瞄准要偏移测量的那个寺庙，使测量模式处于标准测量模式下，稳定后按下发射测量键进行测量，GPS则将记录下我们想得到的寺庙那个位置的点。最后，现场调查结束后，将GPS记录的数据导入计算机，并将公路设计路线叠置Google Earth中，则得到测量目标（寺庙）与公路之间的位置关系（图4-2-11），其中寺庙的地理坐标为(36.673899°N，101.376218°E)，寺庙距离公路30m。

图4-2-11 测量目标与公路之间的位置关系图

本篇参考文献

［1］刘先卓,王树奎,陈锦生,等.激光测量技术及其应用[J].机械设计与制造,2003,6(3)：95-96.

［2］段淋淋.新型便携式激光测距仪的原理及方案设计[D].南京：东南大学物理电子学专业,2009.

［3］李俊峰,阮林林,姚丹.一种便携式激光测距仪的原理及方案实现[J].测绘与空间地理信息,2014,37(1)：103-105.

［4］孙长库,叶声华.激光测量技术[M].天津：天津大学出版社,2001.

［5］潘佳.短程手持式激光测距仪的研究与设计[D].武汉：华中师范大学物理科学与技术学院,2014.

［6］魏学峰.手持式激光测距仪中高精度测相技术的研究[D].长沙：国防科学技术大学仪器科学与技术专业,2007.

［7］李井永.建筑工程测量[M].北京：清华大学出版社,2010.

［8］潘华志.智能全站仪动态测量与数据处理方法研究[D].郑州：中国人民解放军信息工程大学,摄影测量与遥感,2007.

［9］王浩宇.基于地面三维激光扫描仪的数据处理及模型重建[D].广西：桂林理工大学,大地测量学与测量工程专业.2013.

[10] 易延光,黄洪彬.车载移动测量系统的构成与应用[J].黑龙江水利科技,2011,3(39).

[11] 韩友美.车载移动测量系统激光扫描仪和线阵相机的检校技术研究[D].山东:山东科技大学,2011.

[12] 李鑫.车载移动测量系统误差分析与检校方法[D].郑州:中国人民解放军信息工程大学,2012.

[13] 朱宏波,殷金华.机载激光测量技术在高压输电线路工程中应用[J].电力勘测设计,2007(3).

[14] 吴文升,姚定忠,裴海龙.基于GPS/INS的机载三维激光测控系统的设计[J].传感器与微系统,2011,30(7).

[15] 刘经南,张小红,李征航.影响机载激光扫描测高精度的系统误差分析[J].武汉大学学报(信息科学版),2002(2).

[16] 孙婷.手持式激光测距仪的研究[D].北京:北京交通大学电子与通信工程,2012.

[17] 中华人民共和国行业标准.HJ 19—2011 环境影响评价技术导则 生态影响[S].北京:中国环境科学出版社,2011.

[18] 中华人民共和国行业标准.HJ/T 2.3—1993 环境影响评价技术导则 地面水环境[S].北京:中国环境科学出版社,1993.

[19] 武艳丽,张卓然,张丽娟,等.公路噪声环境影响评价的有效性分析[J].公路工程,2014,39(2):262-273.

[20] 中华人民共和国行业标准.HJ 2.4—2009 环境影响评价技术导则 声环境[S].北京:中国环境科学出版社,2009.

[21] www.google.cn/map.

第五篇 全景摄影技术

第一章 概述

第一节 全景图

一、全景图的概念

人们在观察所在位置周边环境时，可以通过转动身体和头部，通过一圈的观察，在大脑里形成一个整体的全景印象，只不过无法将其打印成图。人类发明了相机和摄像机后，就具备了记录和存储图像的能力。普通的相机，甚至是广角或鱼眼镜头相机无法通过一次成像，在近距离内将庞大的事物拍摄下来；而通过增加拍摄距离的方式，又会降低成像分辨率。对于一款普通相机来说，场景大小和分辨率是一对矛盾体，两者无法兼得。

"全景"（Panorama）来源于希腊语，它的意思是"都能看见"。全景图也称为360°全景图，是对场景的超大视角乃至360°完整场景范围进行展示的照片，是普通数码照片的发展和延伸，可以带来三维立体的视觉感，让观者犹如身临其境[1]。通常意义上的全景图，大致可以分为球形全景图和柱形全景图，前者是上下前后左右全方位拍摄球形的场景，而后者是水平360°拍摄环状的场景（图5-1-1）。全景摄影的场景是三维的，而存储的图片则要求是二维的，中间需要通过投影生成全景图。

图5-1-1 球形全景和柱形全景的场景范围和示例

球形全景图通过等距圆柱投影生成,代表360°×180°球形空间的长宽比例等于2∶1的图像;而柱形全景图一般通过柱面投影生成,代表360°×N°(N小于180°)一圈环形空间的长宽比大于2∶1的图像。球形全景图和一般的图像不同,像素单位是角度,每个像素代表的角度度数等于360°除以图像的长边像素个数。

二、全景图浏览方式

全景图包含了三维球形空间里的信息,用所有常规的图片浏览软件来观看,我们可以明显地看到照片里的景物产生了严重的畸变(尤其是上下两端),这和世界地图中的南北极极端夸大的现象相同,是将一个球体强行摊平必须承担的后果。全景图的正常浏览需要使用专用的全景图浏览软件(类似 Panorado)或者插件(类似 adobe flash player),方能解决畸变问题。用户可以上下、左右旋转任意选择自己的视角,任意放大和缩小,如亲临现场般环视、俯瞰和仰视。

以 Panorado 为例,虽然它也可以用于浏览普通的图片,但是其主要价值是浏览全景图的能力(图5-1-2)。在它的工具条中有两个按钮,分别是"360°全景图"按钮和"投影:平面或球面",按下这两个按钮就是全景图浏览模式。"360°全景图"按钮,是让浏览无边界(图片本身有边界),即图片的左边界和右边界在浏览时能够顺利过渡。"投影:平面或球面"按钮,是将普通图片的平面浏览模式切换到球形全景图的球面浏览模式。用 Panorado 浏览的全景图中的桥梁护栏排列成一条直线,不再扭曲,与实际相符。

图5-1-2　Panorado 全景图浏览软件

第二节　全景摄影

全景图是由多个角度的互相之间存在一定重叠的多张照片拼接而成,那么全景照片为什么只能多张照片拼接而不能一次拍照成形呢?这是因为相机内部的感光元件(Charge Coupled Device,CCD)是一个是由大量独立的感光二极管按照矩阵形式排列的感光片,所以在CCD上的成像始终是一个二维的平面。这就限定了全景图片制作的唯一方法——由多张多个角度拍摄的照片拼接而成,简称"全景摄影"。在介绍全景摄影之前,首先要先了解视差与节点这两个重要概念,这是决定全景摄影得到的全景图效果的关键。

一、视差与节点

视差,就是从有一定距离的两个点上观察同一个目标所产生的方向差异。以人类的两只眼睛为例(图5-1-3),当你在成一条直线的两个物体的正前方时,首先只用左眼观察,会看到后面物体在前面物体的左侧;反之,只用右眼观察,会发现后面物体在前面物体的右侧,这就是从不同位置看到相同景物的视差。相机是模仿人的眼睛记录景物,两只不同的眼睛看到的景物相当于在两个不同的位置拍照。A照片在远处的教堂和近处的树的延长线上的某个位置拍摄,所以树正好位于教堂的正前方;B照片是在A照片的拍摄位置的右侧一定距离处,所以树相对教堂向左偏移。C照片是以教堂为参照物由A和B照片拼接而成,由于树相对教堂的偏移不同,所以树出现了两次;同理,如果拼接时以树为参照物,教堂将出现两次。由于不同位置拍摄的视差原因,无论如何两张照片都无法完美地拼接在一起。

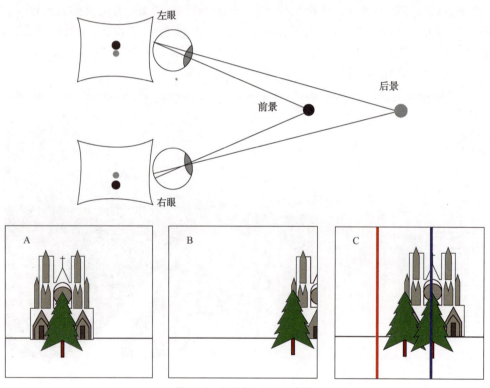

图5-1-3　视差产生机理示意图

镜头节点,简称节点(图5-1-4),是指照相机或摄影(像)机镜头的光学中心,穿过此点的光线不会发生折射。定焦镜头只有一个固定的镜头节点,而变焦镜头的节点会随着焦距的调整而调整。相机以镜头节点为旋转中心,拍摄得到的多个角度的多张照片之间不存在视差,因为它们都是在相同的"位置"拍摄。因此,全景摄影的关键在于如何在多个角度的多次拍摄过程中始终保持镜头节点位置不动。

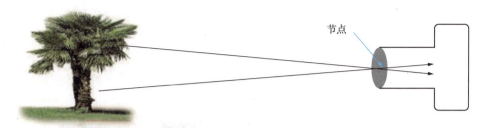

首先，可以肯定的是，节点是在镜头的中心，如图所示镜头前视图的圆心处（十字交叉处）	其次，我们还需要知道节点离镜头顶端有多少距离，例如SIGMA 8mm的节点就在图中镜头的金属线附近

图 5-1-4　镜头节点

二、全景摄影方式

全景摄影要求多个角度拍摄多张照片（互相之间存在一定重叠），关键是要保证这些照片拍摄时的节点相同。多角度的照片拍摄一般有两种方式（图 5-1-5），一是单相机以同一节点为轴旋转（利用全景云台）多角度多次成像，二是多相机共用一个节点多角度一次成像（类似拍摄街景的 Ladybug）。前者简单但仅适合拍摄静态景物，后者更加专业，能够拍摄动态景物。在公路环评中，我们拍摄的是静态景物，而且后者价格昂贵成本高，普通相机配以全景云台通过多次多角度拍摄是最常用的全景图拍摄方法。

图 5-1-5　拍摄全景的两种主要方式（左图：多相机多角度一次成像，右图：单相机多角度多次成像）

全景云台和三脚架是全景拍摄的必备硬件,全景云台是区别于普通的相机云台的高端拍摄设备。称其为全景云台的主要原因,是因为此类云台可以针对不同相机、不同镜头,灵活调节相机在三脚架上的位置(确保节点位于三脚架旋转轴心正上方),并且可以在水平和垂直方向上旋转相机,从而达到节点不动、多角度拍摄的目的(图 5-1-6)。

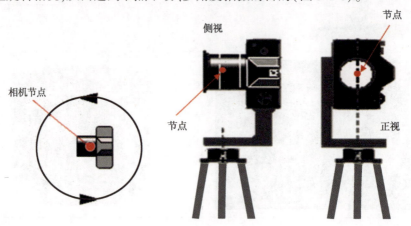

图 5-1-6　全景拍摄时相机节点位置示意图

三、全景摄影注意要点

全景拍摄不是简单的取景拍照,有很多的注意事项需要拍摄者关注和牢记。

1.全景拍摄建议使用鱼眼镜头

相机镜头的选择对于全景拍摄来说是至关重要的,一般情况下推荐使用鱼眼镜头来拍摄全景照片。理论上讲,用任何镜头都可以拍摄出全景照片,推荐使用鱼眼镜头的原因是为了单张照片拍摄到较大的视角范围,从而以较少的照片拼接成一张 360°全景图。例如,对于全画幅相机来说,使用 8mm 鱼眼镜头,只需要拍摄 4 张;使用 15mm 鱼眼镜头,至多拍摄 10 张;而普通的相机镜头则需要拍摄更多的照片才能完成全景图的拼接。简而言之:使用短焦距获得大视角,以较少的拍摄张数拼接全景图,减少拍摄工作量及后期拼接时间。但是,焦距越短,分辨率就越低;当对分辨率存在要求时,方才考虑用长焦镜头。

2.拍摄时使用手动模式对焦

鱼眼镜头的景深是可以达到无穷远的,而拍摄全景也恰恰需要这样的效果,所以我们建议拍摄时不需要过多考虑对焦,只要将对焦方式设为手动,并将对焦距离设置在 1m 处(如果周围比较空旷,设置在无穷远也可以),这样就可以保证整个图像的准确合焦。如果我们将对焦方式设为自动,虽然比较省事,但是会在拍摄过程中因为选择的对焦点不适宜而导致图片某些部分的模糊。

3.拍照片的时候尽量用 M 档(手动曝光档)

拍照片的时候尽量使用 M 档,可以保证每张照片的曝光参数相同,否则拼出来的照片容易因为曝光情况不同而存在明显的拼接线。

4.照片的左右需要留出一定的重叠处

因为全景软件就是依靠这些重叠的地方来自动拼接照片,一般重叠区域占照片的 15%~30%,太少了容易拼接失败,太多了拍摄效率太低。

5.拍摄过程中不要移动三脚架

拍摄时如果移动三脚架,会导致节点相对位置的改变,会直接影响后期全景图的拼接,所以三脚架如果发生移动,一定要重新拍摄。

6.尽量选择周围环境中没有移动的人或物体时进行拍摄

如果在拍摄全景的过程中有人或物体正在移动,那么在拼接后的全景图中就有可能看到被拍摄到的人或物体出现模糊、若隐若现、重复出现等现象,这种现象在全景拍摄中被称之为"鬼影"。其原因在于多个角度的多次拍摄之间存在时间差,出现鬼影的人或者物体在不同的时间出于不同的位置[2]。

四、全景拼接

全景图是用全景拼接软件将全景摄影得到的多张原始照片拼接而成,全自动的拼接算法已经十分成熟,而且市面上已经有很多商业软件,例如 PTGui、PhotoShop、PhotoStitch、Autopano Giga、造景师等。本节以 PTGui 为例讲述全景图的拼接方法。

(1)打开 PTGui,点击"加载图像"按钮,选择一次全景拍摄中获得的所有照片,作为全景图拼接的原始数据(图 5-1-7)。在该案例中,相邻的照片之间(第 1 张和第 6 张也相邻)存在大约一半的重叠,确保后续的自动拼接能够顺利完成。

图 5-1-7　使用鱼眼镜头拍摄的 6 张原始照片

(2)点击"对准图像"按钮,PTGui 会在所有照片两两重叠部位自动寻找控制点(图 5-1-8),以此作为照片拼接的依据。控制点一般出现在纹理信息丰富的景物中,不会出现在天空、水

面、白墙等景物中;当拍摄出现问题时(模糊、重叠度低等),有可能控制点数量少于 3 个,这个时候就需要手动添加控制点。以目前的图像识别技术来说,一般不会出现控制点错误的问题,但是当全景图拼接结果中出现严重错位时,就需要检查控制点,剔除错误的控制点。

图 5-1-8　部分重叠的两张照片中的拼接控制点

(3)对准图像后,自动弹出全景图编辑器窗口(图 5-1-9)供预览和设定效果。由于全景图包含了一个球形空间的信息,可以上下翻转(一般上天下地),也可以水平 360°左右拖动,这些操作不损失任何信息。PTGui 不仅可以输出球形全景图,还可以输出正常视角的图片,点击工具栏中"直线"按钮,用鼠标左键拖动图像至想要的画面,并拖动右方和下方的滚动条调整视角大小。在 PTGui 中导出正常视角的图片与非鱼眼镜头相机拍摄得到的照片几乎无差别,两者的差别在于:前者是"先摄影、后取景",后者是"先取景、后摄影";前者具有一个明显的优势,即不会出现漏拍、拍不全等问题。图 5-1-9 与图 5-1-2 是同一张全景图,图 5-1-9 的右图与图 5-1-2 出于相同的视角。

图 5-1-9　PTGui 的全景图编辑器(左图为全景图,右图为正常视角的图片,拼接痕迹只为说明图片是拼接而成,导出的图片中不会出现)

(4)关闭全景图编辑器,点击"创建全景图"按钮。导出的全景图可以设定分辨率,但是不能设定长宽比,因为已经在全景图编辑器中设定了视野范围;如果导出的是球形全景图,长宽比自然是2∶1。

第三节 公路环境影响评价中的全景摄影需求

现场调查是公路环境影响评价中不可缺少的重要环节,是环评工作人员获得第一手自然和社会环境资料、直观认识公路建设环境影响的一个重要过程[3-4]。调查过程中通常会用数码相机拍摄记录,以便在环评报告中或者项目评审会上直观地展示现场真实情况。照片能够在不同的人之间共享视觉信息,让未亲临现场的人获得一定的现场体验感受;然而,在按下相机快门的瞬间,也定格了视角,未去过现场的人浏览照片十分被动,无法自行决定视角。虽然可以采用拍摄多张不同角度照片或者录制一圈视频的方式来弥补,但是体验感受仍然有限,不够自由。

全景摄影是一种从一个更加宽广的角度将景物拍摄下来的技术,能够有效地解决常规摄影的视角受限问题,用户在浏览全景图时可以自行决定视角[5]。虽然全景摄影只是拍摄了更大的范围,但是它开创了一种新的摄影模式,即"先摄影,后取景"。如图 5-1-10 所示,右半部分的同一个位置的 5 张不同视角的照片,它们并非 5 张单独拍摄的照片,而是从左上角的全景图中"取景"。一项环境影响评价工作涉及多个专业,如地表水、地下水、噪声、空气、生态等,但是环境现场调查往往是由一个或者两个环评人员完成;使用全景摄影技术,只要拍摄位置和成像质量没有问题,将不存在漏拍、拍不全的问题,降低了对拍摄者的摄影素养的要求。

全景图涵盖的场景范围远大于普通照片,浏览全景图更有现场体验感,也更加真实(信息越多越不容易造假)。如图 5-1-10 所示,我们关心的是全景图正中央的一个场地施工项目,从局部图片中我们只能看到这个场地两侧分别有一栋办公楼和钢构厂房;而从全景图中我们能够看到更多的信息,拍摄位置是在场地边上的一条道路上,背靠另一个钢构厂房,钢构厂房和道路之间有一排树木,拍摄位置正在一棵树的树荫下。另外,如果拍摄时携带了指南针并且约定每次全景拍摄时的第一张照片朝特定方向(正北)拍摄,那么就可以在全景图中标注水平方位(每个像素代表的角度度数等于360°除以图像的长边像素个数),让浏览者不仅能够知道周边有什么,还能知道都在拍摄点的哪个方位。

全景图不存在拍摄视角的问题,只要拍摄位置明确(GPS 记录的经纬度坐标),不同的人可以在不同的时期拍摄多张全景图,通过比较分析这期间发生的变化。如图 5-1-10 所示的两张全景图,分别在建设前后拍摄;建设后场地的一部分是绿地,其余是硬质覆盖,而且拍摄位置附近多了一辆车。全景图中含有大量的跟建设项目无关的物体,它们没有变化,但是它们作为背景有助于佐证全景图的真实性。建设项目竣工环保验收同样需要开展现场调查,而且必然要与环评阶段的结果进行比较,重点关注发生了变化的部分结果。如果采用普通的摄影技术,要使不同的调查人员在不同的时期获得的照片可以用于比较分析,不仅需要用 GPS 记录经纬度坐标,还需要记录拍摄的水平方位角、俯仰角以及相机镜头的等效焦距等信息,而这极大地增加了工作量,不具备可操作性。使用全景摄影技术,再结合 GPS,问题就解决了。

图 5-1-10　同一地点两个不同时期的全景图及 Panorado 中的 5 个不同视角截图

　　下面我们通过展示各种案例,介绍全景摄影技术在公路环境影响评价中的应用潜力和推广价值。需要强调的是,本章节介绍的全景摄影技术,一般默认是将相机固定在地面三脚架上;事实上,全景摄影位置可以在地面、车顶,也可以在空中、水下。下面我们展示的案例主要分两大类,一类是常规的地面全景摄影,另一类是需要飞行器配合的空中全景摄影;前者主要是拍摄公路沿线较大的环境敏感点(学校、古树、寺庙等),后者主要是针对更大的环境敏感区域(村庄、河流、植被等)。

第二章 地面全景摄影

本章节通过大量的案例,展示地面全景摄影相对于普通摄影的优势。使用的相机是佳能 550D 单反相机+8mm 焦距鱼眼镜头,每个全景图由 6 张照片(水平方位间隔 60°)拼接而成。由于拍摄时相机固定在三脚架和云台上,全景拍摄无法获得拍摄位置下方的地面,庆幸的是我们并不关心这一部分,所以展示的每个全景图的底部都未处理。另外,为了便于浏览全景图,所有全景图都标明东(90(E))、南(180(S))、西(270(W))、北(0(N))四个方位,并且配以 Google Earth 上的高清遥感影像(上北下南左西右东)。

第一节 噪声敏感点

噪声是公路建设和运营期的主要环境问题之一,公路环评现场调查的主要工作就是调查沿线的噪声敏感点。噪声敏感点种类很多,绝大多数是住宅(较小但连成片),也有一些较大型的噪声敏感点,例如学校、医院、养老院等。对于大型的噪声敏感点,需要调查它的内部格局(不同部位对噪声的敏感程度存在差别),还要调查它的围墙高度(减少噪声影响)等。因此,如果能够在一张全景图里反映出更多的信息,要比多张照片更有整体感和真实感。

本案例中,拟建公路在学校校门外 30m 处经过(东偏南 20°左右方向),公路与学校建筑方向基本平行(图 5-2-1)。学校中离公路最近的是校门两侧的两栋教学楼,高三层,第一层和围墙齐高,建议该公路在此处朝北摆动,减少运营期对学校的噪声影响。整个学校迎路面的宽度大约是 100m,如果用普通的相机拍摄(一张照片覆盖完全),拍摄位置需要移至北面的大树后面,又会出现树木遮挡的问题。用全景摄影技术在较近的距离拍摄(校门外 30m 处),解决了该问题。

学校作为一个敏感点是由多个建筑组成的,不同的建筑具有不同的功能,对噪声的敏感程度也不尽相同。例如,操场、食堂等对噪声不敏感,教学楼白天对噪声敏感,而宿舍楼夜间对噪声敏感。本案例中(图 5-2-2),拟建公路在学校西面 100m 处经过(南北向),学校坐南朝北,校门在西侧。在学校内中心位置拍摄的全景图中可以看出,进校门左侧是球场,右侧是教学楼,没有宿舍楼和食堂。用全景摄影技术在中心位置"横扫",能够让建筑群的内部格局一览无遗。

本案例中,拟建公路从养老院南侧通过(东偏北 30°左右方向),跨越一处工厂以及一处尚未施工的场地(图 5-2-3)。全景图在养老院外的地方道路和场地门口之间拍摄,该处无树木遮挡。养老院主要由生活区和办公区两部分组成,前者对噪声敏感,最近处距离公路 92m;后者对噪声不太敏感,最近处距离公路 37m。根据实地走访并结合全景图可以看出,该养老院生活区尚在建设,办公区已经建设完成;建议养老院生活区注意噪声的防护。

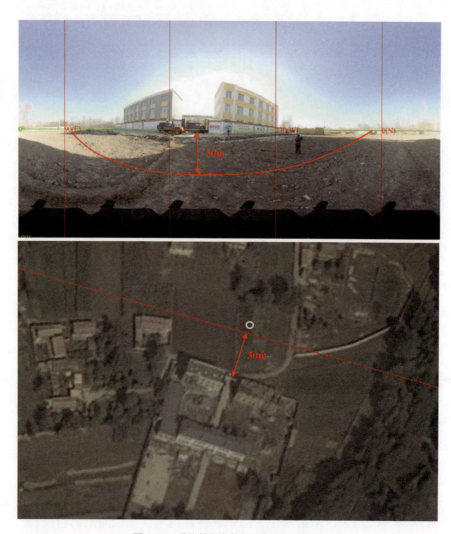

图 5-2-1　学校外部全景图及高清卫星影像

图　5-2-2

图 5-2-2　学校内部全景图及高清卫星影像

图 5-2-3　养老院外部全景图及高清卫星影像

在公路环评项目中,村庄是最常见的噪声敏感点。当公路邻近村庄时,村庄中靠近公路的一侧受噪声影响最严重,需要通过设置声屏障等方式减少噪声影响;当公路从村庄中穿越时,公路两侧都会受到噪声影响,而且无法通过设置声屏障的方式解决。本案例中(图 5-2-4),公路穿村庄而过,并拟在近期提升公路等级。全景摄影位置位于村内的学校门口,小学西侧紧邻村委办公楼(其中部分被用作村卫生院),小学和卫生院距公路的最近距离分别为 13m 和 24m,在公路环评报告中建议这两处敏感点搬迁。

图 5-2-4　村庄内部全景图及高清卫星影像

第二节 其他敏感点

其他一些较小的敏感点,如水井、名木古树、文物等,虽然一张普通的照片也能覆盖完全,但是利用全景摄影技术 360°全方位拍摄,有助于在全景图中标识拟建公路,表达其与敏感点的相对位置关系。

古树名木在环评现场调查中是很常见的生态保护目标,一般都采取避让的措施保护古树名木不受到破坏。如图 5-2-5 所示,在村镇位于山脚平坦处,拟建公路穿山在村镇北侧经过。在现场踏勘过程中发现,在村镇南侧的地方道路边上有一棵古树,与设计的公路线位尚有一定距离;但是古树位于公路线位走廊带内,施工图阶段路线发生摆动时,需要注意保护该古树。全景摄影位置位于地方道路南侧、河流北岸,在全景图中古树、隧道出入口、村镇、地方道路、河流等一目了然。

图 5-2-5 古树周边全景图及高清卫星影像

图 5-2-6 是拟建公路紧邻森林公园的案例,森林公园以山脚为界,拟建公路位于山脚(既有公路之上)以隧道形式穿越山体。拟建公路的隧道入口离景区大门距离较近,我们在景区大门外的空地上拍摄全景图,直观地展示了隧道入口与景区大门之间的位置关系。景区大门与周边一体式设计,大门左侧是瀑布,右侧是隧道口穿越的位置。建设公路前,应当与森林公园管理部门沟通协调,尽量不破坏景区大门的整体景观。

图 5-2-6 森林公园景区外部全景图及高清卫星影像

图 5-2-7 是拟改扩建的公路涉及文物的案例,该文物是道教建筑群,离拟建公路较近。该文物位于公路与小河相交处西北角,文物的主体建筑群最南侧距离公路 25m,但是迎门墙和文物标志碑位于公路边上。全景摄影位置位于文物标志碑和小桥之间,从全景图和卫星影像中可以看出,该处公路南侧是耕地和少量民房,北侧是文物以及大量的民房,建议在南侧征地拓宽。

图 5-2-7　文物外部全景图及高清卫星影像

第三章 空中全景摄影

本章节通过大量的案例,展示空中全景摄影相对于地面全景摄影的优势,通俗地讲就是"站得更高,看得更远";以及空中全景摄影相对于卫星遥感技术的优势,通俗地讲就是"站得更低,看得更清"。理所当然,空中全景摄影的对象范围较大($1hm^2 \sim 1km^2$)且对空间分辨率有一定的要求($1cm \sim 1m$)。与地面全景摄影一致,所有空中拍摄的全景图都标明东(90(E))、南(180(S))、西(270(W))、北(0(N))四个方位,并且配以Google Earth上的高清遥感影像(上北下南左西右东)。空中全景摄影需要飞行器将相机带到空中,并且控制相机从多个角度对地面进行拍摄,所以在展示案例之前,首先介绍一下利用无人机开展空中全景摄影的方法。

第一节 旋翼无人机与空中全景摄影

数码相机已经广泛应用于建设项目环评的现场调查工作中,然而受限于人的高度,很多时候我们无法拍摄到大的环境敏感区域的全貌,只能拍摄一些重要的特征来表明它们的存在。例如,村庄——只拍摄最近的几处房屋,学校——只拍摄校门,森林——只在远处拍摄林子的边缘,等等。正所谓"站得高,看得远",人类将相机放置于卫星上发展出了卫星遥感技术,放置于飞机上发展出了航拍技术。然而,卫星遥感技术容易受大气中云雾的影响而且空间分辨率也存在一定的限制,而航拍技术受飞行场地、飞行条件和成本限制;前者主要用于大气、海洋、农林、国土等大范围区域监测,而后者主要用于地形摄影测量、影视传媒活动、自然风光摄影等领域。

随着无人机技术(Unmanned Aerial Vehicle,UAV)民用化进程的不断加快,低成本且高度自动化的航拍技术得以实现,取代传统的有人机航拍技术是大势所趋,犹如数码相机取代胶卷相机一般不可阻挡。无人机具有体型小、机动灵活、方便快捷、易操控等诸多优点,它不是简单地替代了有人机,而是将只有飞行员才能够操控的飞机替换成了一种普通人也能操作的仪器设备。目前市面上的民用无人机种类十分繁多,常见的无人机根据飞行方式和动力来源大致可以分为四种:油动固定翼、电动固定翼、油动旋翼、电动旋翼(图5-3-1)。当然,即便是同一种无人机,它们的性能参数差异也可以很大,如机型、旋翼数量、飞控系统、荷载的体积和重量、续航时间、飞行速度、海拔高度、抗风能力、起飞降落方式等,这里我们不对无人机做过多的阐述。全景摄影要求在多个角度拍摄时保持镜头节点不动,只有能够在空中悬停的旋翼无人机方能满足要求,而且需要搭载控制相机拍摄角度的云台。

空中全景摄影和地面全景摄影的原理是一致的,空中全景摄影中的无人机等同于地面全景摄影中的三脚架,无人机的作用是让拍摄点的位置上到空中。空中全景摄影的核心仍然是尽量保持镜头的节点不动,并在此基础上,通过不断调整相机的水平方位和俯仰角度进行拍摄,确保360°全方位无遗漏。旋翼无人机能够在空中定点悬停,虽然不可能绝对保持镜头的节点纹丝不动,但是对于野外大场景来说已经能够取得很好的效果了。

a) 油动固定翼

b) 油动旋翼

c) 电动固定翼

d) 电动旋翼

图 5-3-1　四种主要民用无人机类型

根据目前民用数码相机的性能，我们不推荐使用鱼眼镜头，而是推荐焦距更长的镜头，以满足对空间分辨率的要求。不同的相机配置（镜头焦距、感光元件尺寸），拥有不同大小的视角，全景摄影时相机的水平方位角度步进和俯仰角度步进也不尽相同；但是共同的要求，就是保证两两照片之间要有一定的重叠。图 5-3-2 是本章节的各个空中全景图案例的拍摄视野范围示意图，使用的无人机是 MD4-1000 型四旋翼无人机（图 5-3-1 中的电动旋翼无人机），搭载的相机是 Sony 5R 相机+16mm 焦距定焦镜头。该无人机支持全自动作业，可以在飞行前设定飞行任务，即飞到特定的位置（GPS 定位）多个角度拍摄，首先 90°俯仰角（垂直向下）拍摄 1 张，然后 60°俯仰角拍摄 6 张（水平方位角度步进 60°），最后 30°俯仰角拍摄 8 张（水平方位角度步进 45°），拍摄结果示例见图 5-3-3。

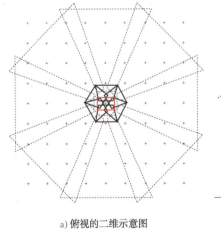
a) 俯视的二维示意图

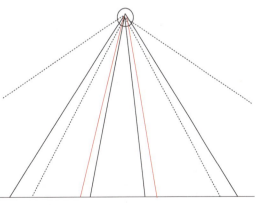
b) 水平俯视的一维示意图

图 5-3-2　空中全景摄影视野范围示意图

图 5-3-3　Sony 5R 相机(16mm 焦距)在空中 90°、60°、30°俯仰角分别拍摄 1、6、8 张的空中全景摄影案例
注:该全景图是半张球形全景图(天空部分缺失)。

图 5-3-3 的空中全景图是由 15 张多角度的照片拼接而成,15 张照片全部向下拍摄(不包括天空部分),覆盖了地平线之下的 360°×90°的半球形场景(并非整个球形场景)。PTGui 软件拼接处理后获得的 2∶1 长宽比的全景图上半部分是一片空白;当然,拍摄过程中受风的影响,无人机并不能保证姿态绝对稳定,有可能拍到少量地平线之上的少部分,也有可能漏拍地平线之下的少部分,如图 5-3-3 所示为全景图。为了避免页面空间的浪费,地平线之上的一半被剪裁剔除,本章节中展示的所有空中全景图的长宽比例均为 4∶1。当然,如果全景图用于浏览(如 Panorado 软件),则需要保持 2∶1 的长宽比。天空缺失的部分可在地面拍摄并通过 PhotoShop 等软件修补,具体过程不再赘述。

空中全景拍摄需要注意两个事项:

(1)飞行过程中一定要注意安全,一切以安全为首要前提。无人机的飞行要满足我国对无人机的管理规定,大型的无人机需要申报空域使用权。杜绝在机场、军事敏感区域、人口密集区域、大功率信号塔等附近飞行。飞行前一定要确认好飞行条件是否满足,不同的无人机对飞行场地、风力等级、海拔高度等都有不同的要求;飞行过程中一定要监控动力是否足够完成任务,降落过程中一定要注意周边是否有安全隐患。

(2)无人机飞行高度应根据敏感区域的范围大小和空间分辨率要求而定。首先,只有飞行器的正下方才是垂直向下拍摄,其他区域都是倾斜拍摄,房屋、树木、山体等的倒伏严重程度与距离成正比;所以范围越大,飞行高度越高,确保敏感区域外围的倒伏程度在可以接受的范围内。确定了飞行高度之后,再根据空间分辨率要求,反推出镜头等效焦距;飞行高度越高,镜头焦距就越长,拍摄的张数就越多。

第二节 敏 感 区 域

图 5-3-4 是青海民和(甘青界)至小峡(平安)段公路建设项目在工可阶段设计线位穿越的一处藏族村庄(白马寺村),经过实地调研,确认是一处社会影响十分敏感的区域。该村以位于村北半崖上的白马寺命名,白马寺又名金刚崖寺,藏语称"玛藏观",是青海地区最古老的藏传佛教寺院之一,是佛教"后宏期"的圣地之一,目前是青海省省级文物保护单位。通过公众参与调查获悉,该村的村民世世代代守护白马寺,补偿拆迁的难度较大;而且公路设计线位离寺庙较近,运营期间车辆的噪声污染会对佛事活动产生较严重的影响。我们对该区域进行了空中全景摄影,对该处敏感区域的空间格局(白马寺、白马寺村、白塔)有了更多的了解。

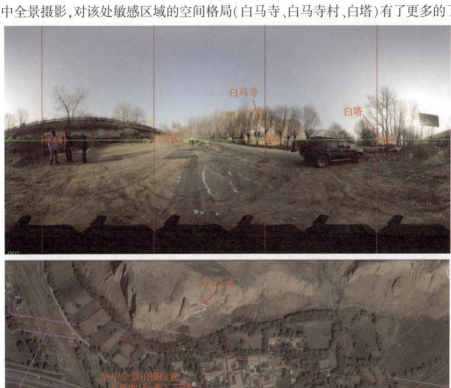

图 5-3-4

图 5-3-4 青海白马寺村空中全景摄影案例
[从上向下分别是地面全景图、高清卫星影像、空中全景图、空中全景图中白马寺村(无畸变)]

本案例的地面全景图是在白马寺村南的较开阔的场地拍摄,位于白马寺正南方、白塔正西方。从图中可以看出,由于树木以及房屋的遮挡,地面拍摄效果并不理想。从 Google Earth 上的高清卫星影像上看该处敏感区域不存在遮挡问题,但是由于卫星影像空间分辨率有限,面积较小的白马寺和白塔在影像上十分模糊,难以辨认;因此,高分辨率卫星影像只适合在实地调研后,在影像上与实地所见相互印证。我们通过无人机在村庄上空 150m 处开展空中全景摄影,获得约 5cm 分辨率(无人机正下方)的空中全景图;从图中可以清晰地辨认白马寺的金顶和白墙,甚至台阶、立柱、帷帐等都清晰可见,根据以上特征就能准确地确认该建筑非普通住宅,而是寺庙或者宫殿;从图中可以清楚地辨认具有金色尖顶、阶梯白身、四方底座这一独有特点的藏族白塔。

图 5-3-5 是青海民和(甘青界)至小峡(平安)段公路建设项目在工可阶段穿越民和县县城南部的部分路段,经过实地调研,确认是一处噪声影响十分敏感的区域。除了占用民房需要补偿拆迁以外,该路段还临近两处中学,分别是民和县第二中学和一处新建的中学。第二中学的教学楼和宿舍楼距离路线均超过 200m,距离路线最近的是体育馆(约 175m);新建中

学受公路噪声影响较大,最近一处宿舍楼距离路线近 50m。该路段在桩号 K24 处占压一座位于山脚的清真寺。

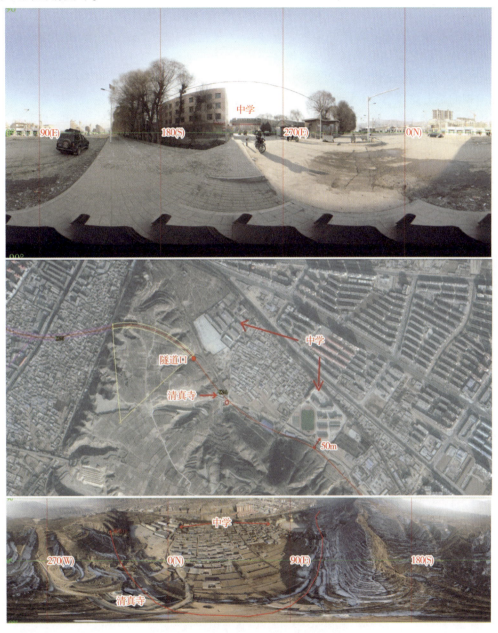

图 5-3-5　青海民和县空中全景摄影案例
(从上往下分别是地面全景图、高清卫星影像、空中全景图)

本案例的敏感区域较大,地面全景图不可能覆盖整个区域,只能通过多处布点的方式逐个展现各处的敏感点,如图 5-3-5 所示的地面全景图的拍摄位置在第二中学正门外的人行道上,新建中学和清真寺也需要在它们附近单独拍摄。从 Google Earth 上的高清卫星影像上可以很清楚地辨认这个敏感区域内的这三处敏感点,甚至能够通过建筑的形状识别学校里的建筑是否是教学楼或宿舍楼;但是,由于卫星影像给出的是空中俯视效果,无法确认建筑的层数以及拟建公路与学校之间的高差。我们通过无人机在清真寺上空 150m 处开展空中全景摄影,获得约 5cm 分辨率(无人机正下方)的空中全景图;从图中可以看出,隧道出口北侧的大块水泥场地上有正在做操的学生方阵,确认该处是第二中学的操场,该校并没有标准的具有环形跑道和足球场的操场以及其他室外球场。

图 5-3-6 是青海民和(甘青界)至小峡(平安)段公路建设项目在工可阶段位于张家寨村北侧山脚的部分路段,经过实地调研,确认是一处生态影响十分敏感的区域。该处敏感区域生态十分脆弱,主要是因为干旱缺水,山体的向阳坡的土壤失水收缩严重,大块的土壤开裂崩塌,造成严重的水土流失。公路建设或多或少需要在沿线取土,本路段所在区域是整个公路走廊带中崩塌最严重之处,建议从其他路段水土条件较好的山体取土(推荐阴坡取土)。

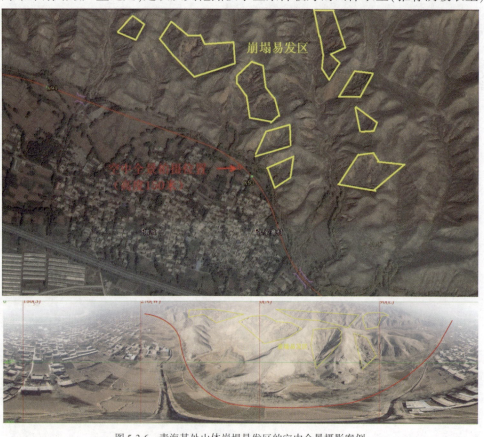

图 5-3-6 青海某处山体崩塌易发区的空中全景摄影案例
(从上向下分别是高清卫星影像和空中全景图)

本案例的敏感区域较大、位置较高、起伏较大、分布较散,地面全景摄影十分困难且效果差。从 Google Earth 上的高清卫星影像(图 5-3-6)中,可以很清楚地辨认出该敏感区域的山体地表覆盖可以分成三类,分别是灰褐色耐干旱灌丛均匀覆盖的地表(水土保持较好)、无灌丛覆盖的裸露地表(历史上崩塌)、尚有灌丛覆盖的破碎的地表(正在崩塌)。我们通过无人机在张家寨村北侧上空 150m 处开展空中全景摄影,获得约 5cm 分辨率(无人机正下方)的空中全景图;从图中可以清晰地看到每一处崩塌山坡的断裂位置以及四处散落的每一个土块的形状,与卫星影像的"远观"效果相比,无人机所提供的近距离视觉效果更加震撼,更能生动地展现该处敏感区域的生态脆弱性。

图 5-3-7 是青海扎麻隆至倒淌河高速公路建设项目与原有地方一级路在药水峡隧道处伴行部分路段,经过实地调研,确认是一处水环境影响十分敏感的区域。药水峡隧道所在区域地形起伏较大,属于山地地貌,药水河流淌其间;药水河南侧阴坡森林植被长势良好,北侧阳坡与其他路段类似都有稀疏的耐干旱灌丛覆盖。在阴坡山腰处建有一条水渠,供地方饮水和灌溉之用。本项目主要以桥梁和隧道结合的方式通过此处区域,设计线位高于药水河,需要注意施工期的弃渣以及运营期的事故风险;设计线位不可避免与山腰水渠相交,需要注意水渠改道协调方面的事宜。

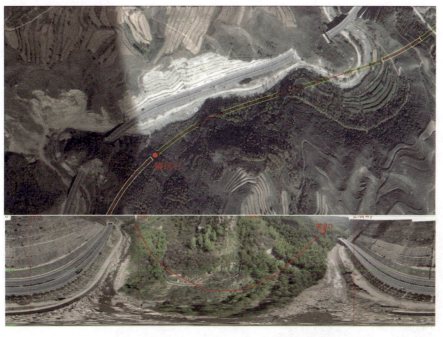

图 5-3-7　青海湟源县药水峡隧道空中全景摄影案例
(从上向下分别是高清卫星影像和空中全景图)

本案例的水渠位于山腰,隐藏与森林之中,地面无法看到水渠的全貌,只能在一些植被缺失的地方看到小段浆砌石墙。从 Google Earth 上的高清卫星影像上可以隐约看到一条线,由于水渠宽度较窄(约1m),如非实地所见,极有可能会误判为山路。我们通过无人机在两处隧道间上空150m处开展空中全景摄影,获得约5cm分辨率(无人机正下方)的空中全景图;从图中可以看出,该水渠位于山腰灌丛和乔木分界带处,渠中有水流淌,处于使用状态。另外,从空中全景图中也能看到,药水河边已经没有能够容纳弃渣的余地;原有地方一级路和药水河紧邻处修建有防护挡墙,防止丰水期药水河对公路路基的侵蚀。

第三节　植被类型

植被是动物的生境,是各种环境因素(气候、土壤、地形等)作用下的地表生物生存条件的直接体现,是建设项目生态环境影响评价中的重要保护目标之一。公路建设项目所在区域不同,植被类型不尽相同;即便是同一条公路,随着沿线地形地貌的改变,不同路段的植被类型也会有一定的差异。我们依托国家高速公路北京至拉萨线青海省扎麻隆至倒淌河段(简称"扎倒"高速公路,约72km),展示无人机空中全景摄影在沿线植被类型调查中的应用效果。

扎倒高速公路所在区域的气候属于高原大陆性季风气候,处于青海东北部温性草原亚区中的黄河湟水谷地森林草原小区,植被类型以温性落叶阔叶林、温性灌丛和高寒草甸为主。根据实际调查的结果表明,路线走廊带的植被类型分布格局与地形地貌密切相关,大致可以分成6个路段展开详细的阐述说明(图5-3-8)。①湟水河河谷段(起点~DK46):路线从起点开始,自东向西经湟水河河谷,到达湟源盆地(湟源县城所在地);②湟源县至药水峡谷段(DK46~A8K57):在湟源县东南侧,路线转为近南北向,沿药水河,至药水峡谷;③药水峡谷段(A8K57~A8K60):伴行的地方一级路的药水峡一号隧道至三号隧道之间;④药水峡谷至日月乡段(A8K60~A8K70):经药水峡谷后,路线倾斜为东北—西南走向,沿药水河,至日月乡;⑤日月乡至莫多吉村段(A8K70~A8K74):经日月乡后,路线再次转为南北向,沿药水河,至莫多吉村,进入日月盆地;⑥莫多吉村至终点段(A8K74~终点):在日月盆地中,沿着盆地较平缓的边缘顺时针绕行,直至日月山、野牛山之间的垭口,并穿越垭口西行到达青海湖盆地东缘的倒淌河镇。整条路线的海拔从起点处就开始不断攀升,从起点的2430m至日月山、野牛山之间的垭口的3450m左右,之后才逐渐下降至终点的3300m左右。

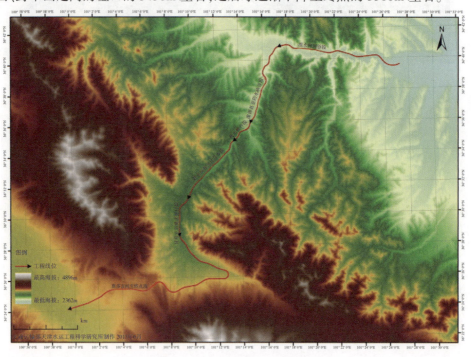

图5-3-8 扎倒高速公路所在区域地势图

每一个路段都选择一个典型的位置,并利用该位置拍摄的一幅空中全景图(侧视效果)和一幅高清卫星影像(俯瞰效果),来展示该路段展示现场植被类型分布格局。卫星影像上标识的圆圈代表空中全景图的拍摄位置,两幅图像中同一"地理"位置处标识字母代表该处的植被类型(A=白桦—山杨阔叶林,B=高山柳灌丛,C=金露梅—小檗—锦鸡儿灌丛,D=小嵩草高寒草甸/针茅—芨芨草高寒草原)。

(1)湟水河河谷段(起点~DK46)

湟水河河谷段是整条公路中植被长势最好的一段(图5-3-9),主要有两个原因,一是海拔较低,二是阴坡❶坡面较多。该河谷东西走向,两侧约有一半的坡面属于阴坡,太阳光照较少,地表蒸发散热较少,水分充足,生长了茂密的白桦—山杨阔叶林;小部分坡面是半阴坡/半阳坡,生长着密度不低的高山柳灌丛。阳坡比较干旱,生长了稀疏的耐干旱的金露梅—小檗—锦鸡儿灌丛。该段区域村庄密集,河边平坦处甚至部分山坡已开发成耕地,紧邻河流处或有少量人工青杨林分布。

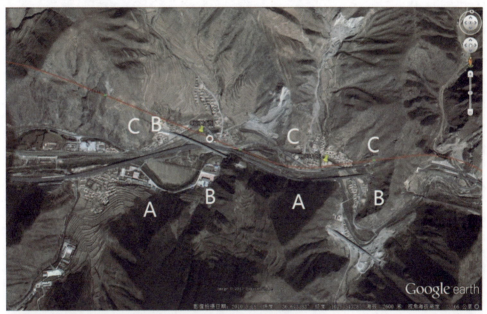

图5-3-9　湟水河河谷段典型位置的高清卫星影像和空中全景图

(2)湟源县至药水峡谷段(DK46~A8K57)

湟源县至药水峡谷段是整条公路中植被长势最差的一段(图5-3-10),主要有两个原因,一是几乎没有阴坡存在,二是人为破坏严重。该段近南北走向,两侧坡面几乎都是半阴坡/

---

❶坡向朝东、南、西、北,分别描述成半阴坡、阳坡、半阳坡、阴坡。

半阳坡,且坡度较小,比较平缓。太阳光照较强,地表蒸发散热较多,比较干旱,生长了稀疏的耐干旱的金露梅—小檗—锦鸡儿灌丛。该段区域村庄密集,加之附近山体坡度平缓,河边平坦处和大部分山坡已开发成耕地,紧邻河流处或有少量人工青杨林分布。

图 5-3-10　湟源县至药水峡谷段典型位置的高清卫星影像和空中全景图

(3) 药水峡谷段(A8K57~A8K60)

湟源县至药水峡谷段的植被类型组成与湟水河河谷段基本一致(图 5-3-11),主要是因为两者的地形地貌十分雷同,此处山体之间犬牙交错,河道蜿蜒曲折。不同的是,两段区域的植被类型比例存在差别。该区段两侧山体的四分之一坡面是阴坡,生长了茂密的白桦—山杨阔叶林,另有四分之一坡面是半阴坡/半阳坡,生长着密度不低的高山柳灌丛;约有一半的坡面是阳坡,生长了稀疏的耐干旱的金露梅—小檗—锦鸡儿灌丛。该段区域山体坡度较陡且缺少平地,几乎无村庄和耕地分布。

(4) 药水峡谷至日月乡段(A8K60~A8K70)

药水峡谷至日月乡段植被长势一般(图 5-3-12),主要有两个原因,一是海拔较高,二是阴坡较少。该路段所处药水河谷呈东北至西南走向,东南侧的坡面介于阴坡和半阳坡之间,生长了稀疏的高山柳灌丛;而西北侧的破面介于阳坡与半阴坡之间,生长了稀疏的耐干旱的金露梅—小檗—锦鸡儿灌丛。该段区域村庄密度适中,河谷较开阔,地势平坦处已开发成耕地,部分紧邻河流处有大量的人工青杨林分布。

图 5-3-11　药水峡谷段典型位置的高清卫星影像和空中全景图

图 5-3-12　药水峡谷至日月乡段典型位置的高清卫星影像和空中全景图

(5) 日月乡至莫多吉村段(A8K70~A8K74)

日月乡至莫多吉村段是前后两段的过渡路段(图 5-3-13),逐渐从温性灌丛转变到高寒草甸/草原,海拔已经超过3000m。该段南北走向,处于进入日月山盆地的喇叭口部位,地势逐渐平坦开阔。阳坡、半阳坡/半阴坡仍然生长了稀疏的耐干旱的金露梅—小檗—锦鸡儿灌丛;阴坡不再是高山柳灌丛,而是适宜高海拔寒冷地区生长的小嵩草高寒草甸/针茅—芨芨草高寒草原。该段区域村庄密度适中,河边平坦处已开发成耕地,紧邻河流处不再是人工青杨林,而是伴有少量灌丛点缀的沼泽草甸。

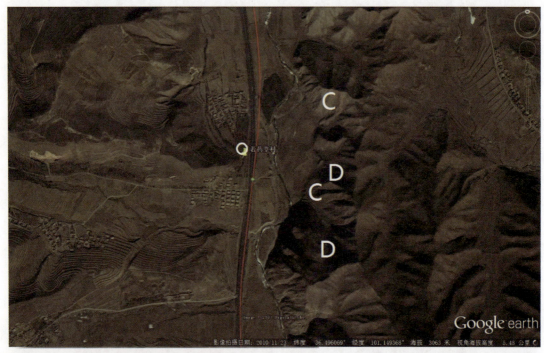

图 5-3-13　日月乡至莫多吉村段典型位置的高清卫星影像和空中全景图

(6) 莫多吉村至终点段(A8K74~终点)

莫多吉村至终点段的植被类型是纯粹的小嵩草高寒草甸/针茅—芨芨草高寒草原(图 5-3-14)。该区段地势十分平缓,海拔超过3100m,温度较低,地表蒸发散较弱,水分充足。该段区域村庄极少,多以放牧为生,基本无耕地。

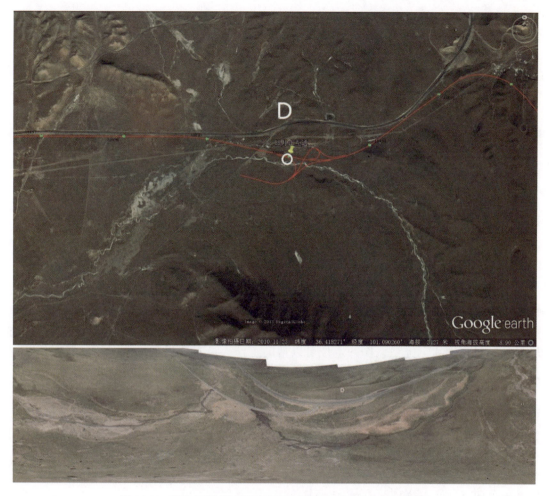

图 5-3-14　莫多吉村至终点段典型位置的高清卫星影像和空中全景图

本篇参考文献

[1] 黄秋儒.全景摄影技术初探——从全景绘画到全息三维立体影像[J].苏州教育学院学报,2011,28(5):68-70.

[2] 宋振兴.图像拼接融合技术中去鬼影及裂缝方法研究[D].大连:大连海事大学,2011.

[3] 徐正生,程燕.浅谈环境影响评价现场踏勘工作[J].安徽农业科学,2012,40(1):306,483.

[4] 许晓莉.浅谈建设项目竣工环保验收监测中的现场踏勘[J].中国科技纵横,2013,(18):47,320.

[5] 全正环.360°全景技术的应用和发展历程[J].计算机工程应用技术,2010,1:713-715.

[6] www.google.cn/map.

第六篇 图片定位展示系统

第一章 概　述

第一节　图片定位方法

公路项目具有路线长、涉域广等特点,公路环评通常需要掌握公路所经路域地表水系、地形地貌、生态环境、噪声敏感点分布等沿线基本环境特征。开展公路环评现状调查往往需要拍摄大量的图片来记录沿线居民住宅、学校、河流、农田、植被等各种环境敏感点情况,在拍照的同时往往需要用手持GPS进行定位,记录每一张图片的拍摄位置的经纬度和海拔高度(以下简称"图片定位")。图片定位可以帮助工作人员对项目现场情况的掌握和长久记忆,同时也是工作人员进行公路现场情况汇报展示的得力助手。

如果能够对拍摄的图片进行自动定位,将有效提高现场调查工作效率。本节我们介绍两种常用的图片定位方法:一是GPS与相机分离定位,即使用手持式GPS和相机两个设备,目前环评现场调查工作大多如此;二是GPS与相机集成定位,即使用集成有GPS模块的相机或者支持拍照功能的手持GPS这一个设备,更加先进。本章节对两者都进行介绍,目的是新老兼顾,传统和先进并举。实际上,两者的原理基本相同,归根结底都是将地理信息写入图片文件的Exif头文件信息中,首先需要介绍一下什么是Exif。

一、Exif

Exif(Exchangeable Image File)是一种图像文件格式,其最初由日本电子工业发展协会(JEIDA)制订,目前的最新版本是于2002年4月发表的2.21版。Exif文件是JPEG文件的一种,遵从JPEG标准,不同的是其在文件头信息中增加了有关拍摄信息的内容和索引图。简单来说,Exif信息就是由数码相机在拍摄过程中采集一系列的信息,然后把信息放置在我们熟知的JPEG/TIFF文件的头部,也就是说Exif信息是镶嵌在JPEG/TIFF图像文件格式内的一组拍摄参数,主要包括摄影时的光圈、快门、ISO、时间等各种与当时摄影条件相关的讯息,相机品牌型号,色彩编码,拍摄时录制的声音以及全球定位系统(GPS)等信息。

公路环评中对Exif的关注主要是需要查看Exif信息中获取图片拍摄时的地理位置信息,查看Exif信息的方法十分简单,可以通过鼠标右键直接查看图片属性,也可以通过一些图片管理软件查看(图6-1-1)。当然,查看Exif中的地理信息有个前提,即地理信息已经写入图片文件的Exif头文件信息中,无论采用的是GPS与相机分离定位的方法,还是GPS与相机集成定位的方法。

图 6-1-1 图片 Exif 信息中的地理信息

二、GPS 与相机分离定位

GPS 与相机分离定位，顾名思义主要是指现场调查时分别用相机拍照和手持 GPS 定位，在计算机上通过软件将定位的地理信息写入图片的 Exif 头文件中。按照自动化的程度以及原理上的差别，大致可以分为 GPS 航点定位和 GPS 航迹匹配定位。

1.GPS 航点定位

要求在现场拍照时，每拍摄一次，利用手持 GPS 记录一个航点。在计算机上通过任意一款能够对图片 Exif 信息进行编辑软件（如 Exif 信息修改器、Exif Editor、Picasa 等），逐个或者批量写入地理信息。这种方式需要注意图片和地理信息的一一对应。

以 Google Picasa 软件为例，讲述对现场拍摄图片 Exif 信息的编辑过程。首先，打开 Google Picasa，选中现场调查所拍摄一张或多张照片后，点击"工具/地理标记/使用 Google Earth 进行地理标记"，Picasa 会自动调用电脑上已经安装的 Google Earth 软件进行图片坐标的确认，即 Google Earth 的地图中会显示一个十字坐标（图 6-1-2），用来确认图片的坐标。移动地图，在 Google Earth 上找到实际的拍摄地点，并将其置于十字坐标的正当中，这时候点击"地理标记"按钮，就可以将实际坐标信息写入图片文件中。

2.GPS 航迹匹配定位

要求在现场拍照时，确保手持 GPS 一直在记录航迹（相当于等时间或者距离间隔连续记录航点），图片与地理信息通过"时间"这一纽带来完成批量的一一对应。

开展现场调查时，打开 GPS，为了能将图片与其拍摄位置准确对应，拍照前需要校准相机的时间，同时设定自动记录航迹（根据需求设置合适的时间间隔）。那么，在现场调查过程中 GPS 将记录调查工作人员现场所经过地点的经纬度、海拔高度和时间，而沿线所拍摄图片的 Exif 信息中也将会保留拍摄时间，通过时间的对应便可以从航迹中自动"查找"出拍照瞬间所在的位置。借助 GPicSync、Aperture、RoboGEO 等软件则可以将现场调查时 GPS 记录航迹与拍摄的照片进行匹配，从而完成拍摄照片与 GPS 航迹的匹配定位。

三、GPS 相机定位

GPS 相机就是利用 GPS 地理推送功能搭载的相机。GPS 相机定位，顾名思义就是 GPS

相机在拍照的同时能够自行定位,即能够在拍摄照片的时候记录下当前拍照地点的经纬度、海拔高度等信息。

图 6-1-2　图片地理坐标确认过程示例

GPS 相机使用方法较简单,仅需在使用时打开 GPS,在设置中打开 GPS 记录功能即可。在拍摄照片时,相机会自动把拍摄地点的经度、纬度和海拔高度都记录下来,写入照片的 Exif 信息里去。采用 GPS 相机定位避免了"GPS 与相机结合定位"的后期数据处理过程,但相机中的 GPS 与 GPS 导航并不完全相同,它是不带导航功能,仅能发挥定位功能,仅便于使用者在照片中加入位置信息。

目前常见的 GPS 相机大致分为三类:一是内置 GPS 功能相机,如尼康 P520、AW110s 等;二是通过外加 GPS 模块实现 GPS 地理信息记录功能的相机,如尼康 GPS 单元 GP-1 等;三是读取智能手机的 GPS 信息,如佳能 IXUS140、A3500IS 等。

第二节　图片定位展示系统

图片定位展示系统在公路环评中主要用于公路项目现场情况的汇报与展示。本书根据公路环评项目特点，结合现有一些展示系统软件具备的功能，介绍"Google Earth"和"全景漫游"两种可用于公路环评的展示系统。

一、Google Earth

Google Earth 是一款虚拟地球仪软件，把卫星照片、航空照相和 GIS 布置在一个地球的三维模型上。它采用超高影像压缩技术，能实时提供多种数据，将本地搜索和卫星影像结合起来，可以让用户浏览全球范围内任何一处地点的卫星影像以及建筑物或地形的三维图像，并提供 3D 地图定位技术，可以让用户在 3D 地图上通过交互方式定点查看特定区域，进行不同视角的放大、缩小、漫游等地图控制以及自动搜索路径完成道路导航操作。

Google Earth 公布的一般是 1~3 年前的卫星照片，但由于其与真实的地球物理信息做了匹配，也就是说其地形、海拔、经纬度信息和 GPS 输出的经纬度信息是完全重合的，所以对公路环评工作来讲具有很高的实用价值。Google Earth 的卫星照片最高精度可以达到 1m 以内，全球地貌的有效分辨率至少为 90m。Google Earth 不仅可以给使用者提供高清的卫星图片、地理定位、自动导航等服务，还可以提供图片上传、图片定位等一系列功能。使用者可以将自己拍摄的照片通过 Panoramio 上传到 Google Earth，并能够在卫星地图上进行定位，照片经过 Panoramio 审核之后即可出现在 Google Earth 卫星地图上。

根据 Google Earth 的功能特征，结合公路项目路线长、现场调查照片量大等特点，公路环评工作可以借助 Google Earth 对公路项目现场调查照片进行批量定位整理，方便环评工作人员清晰地展示公路现场调查情况。

二、全景漫游展示系统

如果 Google Earth 可以被作为环评工作中一个较好的图片定位展示系统，那么全景漫游展示系统则可以让人跟随展示人员通过鼠标控制浏览方向而仿佛亲临现场一般。

全景是指将摄像机拍摄的水平方向 360°、垂直方向 180°的多张照片拼接成一张全景图像，然后利用得到的全景图像，采用计算机图形图像技术构建出全景空间。而全景漫游是指在由全景图像构建的全景空间里进行切换，达到浏览各个不同场景的目的。

美国的 KarthikSankaranarayanan 于 2008 年提出了把球面全景图和 GIS 相结合的框架构想[1]。之后，国内也相继出现许多用虚拟现实技术制作成的城市空间服务信息、虚拟数字校园和旅游景点展示等[2-3]，目前已出现将城市的道路全景图及沿途景观和 GIS 结合的成功例子，用户可以在网络上实时浏览，有很好的用户体验[4]。崔亚峰实现的消防综合信息管理平台将 GIS 地图和 360°全景技术相结合，通过该平台可全面查看城市中消防机构、消火栓及消火水源的具体位置和详细情况，消防部队在网上就可以真实地实现模拟练兵[5]。

目前，较为流行的三维全景技术应用的例子就是街景服务（图 6-1-3），国内外比较著名的有谷歌的 Street view、微软的 Street side、城市吧、我秀中国、SOSO 街景、百度街景等。2007 年 5 月，Google 创新地推出了将三维实景与电子地图结合的街景地图，在 Google 街景地图中,现实中的建筑和道路由普通地图上抽象的点和线变为栩栩如生的360°实景体验;2011年,微软正式发布 Bing 街景视图,微软与谷歌展开了"街景服务"较量。2008 年 4 月,国内首家虚拟全景地图网站"城市吧"以实景地图为入手点,将"城市"的概念真正地引入,从街道景观延伸至商家内景,把三维实景、电子地图、生活信息、商务信息等元素融合到一起,实现了从"实景地图"到"实景城市"的重定位,为广大网民提供了一个以"实景"为特色的本地化生活信息搜索服务网站[6]。2010 年,武汉立得信息技术有限公司推出"我秀中国"街景地图网站,有海量的高清晰街道实景,供广大网民浏览,广大网民无需出门就可以在网上逛街,欣赏城市的美景,就像把一个实景城市放在了网络上。2011 年年底,SOSO 地图率先推出了新一代的街景地图,凭借高清画面、高精度覆盖、画面流畅等优点,在网民中形成了较好的体验口碑。2013 年 8 月,百度推出全景地图,不仅将全景图像技术运用于城市街道,还不断探索它在酒店、景点、餐厅、房产等其他场景的应用。

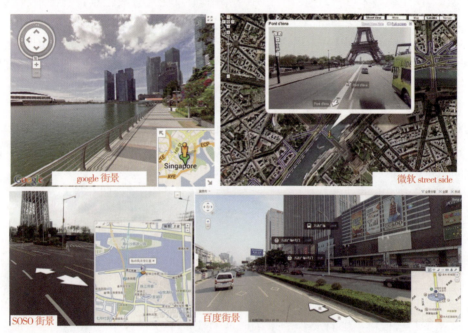

图 6-1-3 常见的全景漫游展示系统——街景

基于全景图的特点,将全景漫游展示系统应用于公路项目环评现状调查情况的展示,不但可以让人犹如身临其境,方便他人对项目现场情况的清楚掌握,同时可以为项目汇报工作大大增色。

全景漫游系统的制作涉及图片无缝拼接、立方体转换、全景图浏览、场景编辑、网上发布等诸多技术,需要依赖一定的硬件设备和软件来实现,例如,上海杰图软件技术有限公司的造景师和漫游大师。造景师是一款虚拟现实制作工具,支持鱼眼照片和普通照片的全景拼合,以及全屏模式、批量拼合、自动识别图像信息、全景图像明暗自动融合等功能。漫游大师是三维全景虚拟漫游展示制作软件,它所制作出来的虚拟漫游可以广泛运用于房地产展示、旅游景点介绍、宾馆酒店展示、汽车展示和城市景观展示等,观看者无需到现场即可获得身临其境的感受。

第二章 公路环评应用成果展示

第一节 基于 Google Earth 的现场展示案例

一、公路沿线植被调查结果展示

特定地区的植被群落往往是该地区生态环境综合状况的外在标志,特别是在山区建设高等级公路,难以避免对沿线植被带来影响。所以,公路沿线植被作为特定地理环境中不同种群组成的有机集合,是公路环评现场调查工作的重点关注对象。

公路环评植被调查通常是调查人员采用拍照、记录、样方调查等方式对公路设计路线经过区域的植被分布情况、植被特征等进行调查。对于植被调查结果的整理与展示,过去通常是借助表格来整理与描述,只能让听者跟随着汇报人员的思路进行想象,而采用 Picasa 将现场拍摄照片添加到 Google Earth 中,借助 Google Earth 进行调查结果展示则可以与公路设计路线、地形等结合起来进行展示,让人更直观、形象地了解公路沿线植被情况。

以某项目为例,采用两种方法对植被调查结果展示进行对比分析。项目全长 8.842km,处于横断山脉北部山原峡谷山地灌丛亚区的昌都—察雅小区。工程所在区域植被主要为海拔 3400(3500)m 以上的森林带,阴坡为川西云杉林,阳坡分布着大果圆柏、密枝圆柏、方枝柏疏林。阴坡云杉林破坏后形成山杨、桦木林;严重破坏后则形成灌丛和草甸。林线一般止于 4300m,林线以上为阴阳坡外貌分明的灌丛和草甸。

1. 基于表格描述法展示

工程主要沿珠角拉山山沟展布,路线布设海拔高程 3900~4200m,里程 8.842km。通过沿线实地调查,工程沿线植被类型相对较为一致,山沟底部为柳属、蔷薇、小檗和绣线菊为优势的灌丛为主,山坡上主要分布有以川西云杉为优势种的川西云杉林,并分布有杜鹃+硬叶柳组成的高山灌木林。工程沿线典型植被分布情况如表 6-2-1 所示。

工程沿线典型植被分布情况表　　　　　　　　表 6-2-1

序号	路段(桩号)	植被类型	现场照片
1	主线	K1326+707(起点)~ K1330+605	沿线山坡以川西云杉林为主,山沟底部主要有柳属、蔷薇、小檗等为优势的河谷灌丛	

续上表

序号	路段(桩号)		植被类型	现场照片
2	主线	K1330+605~ K1335+150	沿线以高山灌丛植物为主,分布有少量草本植物	
3		K1335+150~ K1335+550	沿线主要分布云杉林、高山灌丛、草本植物	
4		ZK0+000~ ZK0+796(支线)	沿线主要分布云杉林、高山草甸	

2. 基于 Google Earth 展示

采用 Google Earth 来展示公路沿线现状调查情况,其优势主要在于可以将所有的现场拍摄照片和公路设计路线都导入 Google Earth 中,在展示现场照片时可以将现场拍摄照片和公路设计路线结合起来,不但可以同时采用多张照片展示各个点现场调查后的基本情况,也可以清晰地展示出所拍摄照片的具体位置,同时可以让人清楚地看到路线经过区域的地形及周边其他环境,让听者对公路沿线现场情况有一个全面的了解。

(1)项目与调查情况整体展示

将项目现场调查照片和公路设计路线同时导入 Google Earth 中,则公路设计路线走向和现场调查所拍摄照片的位置情况瞬间展现在 Google Earth 上(图 6-2-1),可以让人对公路路线走向、关键节点、公路经过区域的地形情况以及现场重点调查位置等有一个整体认识和把握。

工程路线长 8.842km,相对较短,且主要沿珠角拉山山沟展布,所以沿线植被类型相对较为一致。从图 6-2-1 的平面显示图中不难看出,公路沿线现场调查工作选择了一些有代表性的关键点进行拍照,重点集中在工程主线、支线的起、终点,隧道的出、入口以及隧道穿越山脉地带。从立体显示图中可以看出,工程总体呈近东西向展布,以路基形式沿珠角拉山山沟展布约 4km,然后以隧道形式穿越珠角拉山,有效地降低了对工程所在区域的植被影响。

图 6-2-1　公路路线及现场调查情况的整体展示图

(2) 项目沿线情况局部展示

开展公路现场调查时,为了全面记录调查点的植被及周边环境状况,通常会在同一个调查点拍摄多张照片。而借助 Google Picasa 可以将一个调查点的多张照片同时导入 Google Earth 中,并在该调查点中同时展示出来,也可以选中任意一张照片进行点击放大来看,清楚地掌握调查点的植被情况。

根据工程的现场调查拍照情况,分别采用多张现场图片展示工程主线起点、终点,支线的起点、终点以及隧道的出、入口的植被分布情况(图 6-2-2)。

若要进一步了解和掌握上述各个调查点的具体情况,只需任意选中该点的其中一张照片直接点击放大进行查看。通过对公路沿线现状调查情况,结合后续在 Google Earth 中对公路沿线照片逐一进行查看可知,工程沿线主要植物种类为常见的川西云杉森林植被,小檗、杜鹃、柳属等高山灌丛植被和高山嵩草草甸。公路沿线能够代表和全面展示公路所经区域植被特征的一些照片如图 6-2-3 所示。

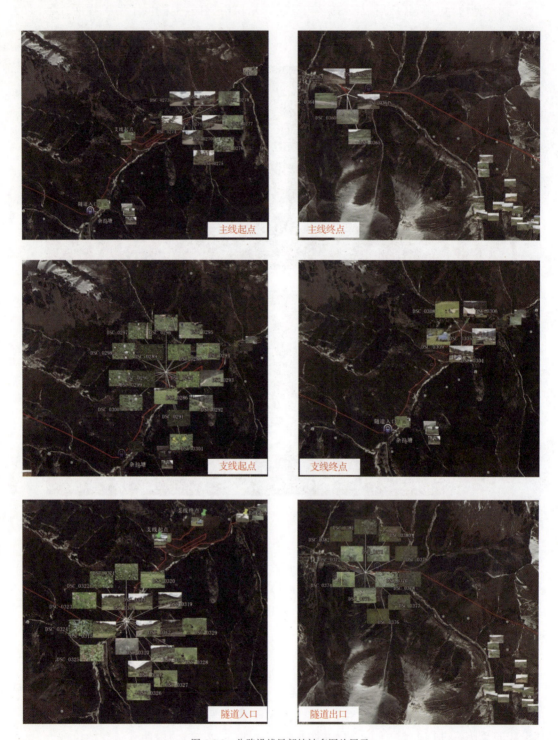

图 6-2-2　公路沿线局部植被多图片展示

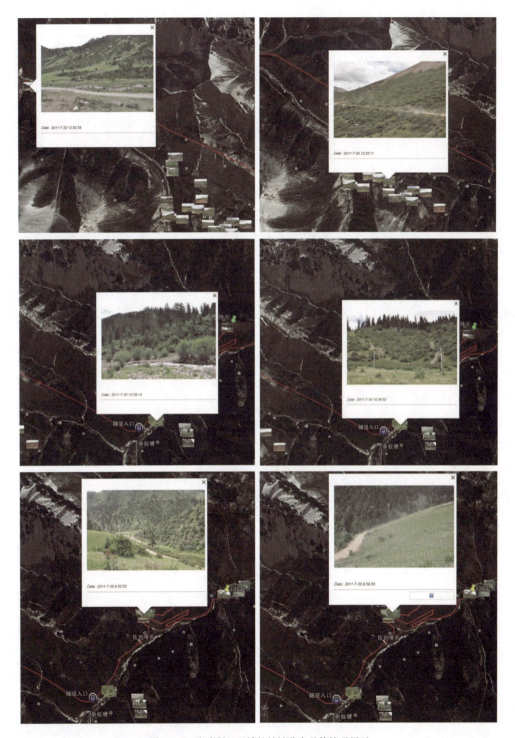

图 6-2-3　公路所经区域的植被分布具体情况展示

二、环境保护目标调查结果展示

环境保护目标是建设项目环境影响评价需要特别关注的内容,无论是开展现场调查还

是进行预测,都要将环境保护目标作为重点。根据《环境影响评价技术导则总纲》(HJ 2.1—2011),环境影响评价工作一般分三个阶段,即前期准备、调研和工作方案阶段,分析论证和预测评价阶段,环境影响评价文件编制阶段。其中,在第一阶段便需要明确评价重点和环境保护目标,且在筛选评价因子时,也需要结合环境保护目标来确定评价因子。同时,进行工程项目的工程分析,也需要从保护周围环境、景观及环境保护目标要求出发,来分析总图及规划布置方案的合理性。所以,环境保护目标的调查与评价是公路环评的重点内容,不容忽视。

公路环评中环境保护目标的调查通常是调查人员沿公路路线走向逐一进行调查与落实,并通过拍照、录像等方式进行记录,其调查情况在过去通常是借助表格来叙述,而现借助 Google Earth 对公路沿线环境保护目标分布情况及具体调查记录情况进行展示,不仅增加了空间感,更直观地进行表达,而且能够与公路设计路线结合起来,让人对环境保护目标的位置分布情况有更清晰的掌握。

以某项目为例讲述环境保护目标调查结果的展示情况。由于公路项目的声环境保护目标较多,且是公路环境影响评价工作的评价重点,将单独放在下一节的全景漫游展示系统中重点讲述。故此案例中不再涉及声环境保护目标的情况,重点讲述项目的水环境保护目标和社会环境保护目标。

1. 基于表格描述法展示

公路全长约400km,位于雅鲁藏布江北岸Ⅰ级支流尼洋河和拉萨河流域范围内,区内河流主要为尼洋河、拉萨河及其支流墨竹玛曲。沿线地下水主要为第四系松散岩类孔隙潜水、高原区孔隙水和基岩裂隙水。根据调查,公路沿线有松多温泉、日多温泉和孜县德庆镇新仑河水源地共3处地下水环境保护目标和8处寺庙、佛像、白塔等社会环境保护目标。各环境保护目标具体情况见表 6-2-2、表 6-2-3。

社会环境保护目标 表6-2-2

序号	桩号	名称	方位(起点~终点)	高差(m)	距路红线距离(m)	敏感点概况
1	K4293+600	秀巴碉楼群	—	右	20	350	位于工程路线右侧山脚台地上,距公路较远,高差较大。自治区级文物保护单位,于2009年11月第五批公布,唐末古建筑遗址
2	K4362+500	中流砥柱	左	—	-10	170	位于工程路线左侧下方的尼洋河中,旅游景点,无文物保护级别和保护要求
3	K4366+950	太昭"万善同归"碑	左	—	-8	100	位于工程路线娘蒲河与尼洋河交汇处太昭村(旅游景点)之间的河谷滩地上。自治区级文物保护单位,于2009年11月第五批公布,清代石刻类遗迹
4	K4367+000	太昭古城	左	—	6	154	位于工程路线左侧太昭村(旅游景点)村内的小山包上。县级文物保护单位,于2004年10月29日公布,清代古遗址
5	K4368+700	洛哇邦卡摩崖造像	—	右	-9	60	位于工程路线右侧山体山脚下。县级文物保护单位,于2009年10月9日公布,唐代石刻类遗迹

续上表

序号	桩号	名称	方位（起点~终点）	高差(m)	距路红线距离(m)	敏感点概况
6	K4368+755	唐蕃古道	左	—2	—	近代建筑,旅游景点,工程穿越该景点,并涉及部分围栏、观景台的拆迁,唐蕃古道无文物保护级别与要求
7	K4375+000	山壁佛像	—	右	—5	位于工程路线右侧尼洋河对岸的山体山坡上,无文物保护级别与要求
8	K4502+000	日多寺庙	—	右	24	位于工程路线右侧山体山坡上,与工程间有日多乡民房相隔,无文物保护级别和要求
9	K4561+800	旁麦村白塔	左	—	—3	位于工程路线左侧,临G318,无保护级别及保护要求
10	K4565+000	松赞干布出生地	左	—	3	位于工程路线左侧,临G318,旅游景点
11	K4567+100	尊木采寺	左	—	—2	位于工程路线左侧,临G318,县级文物保护单位,于2012年公布,明朝古建筑
12	K4575+200	拉木寺	左	—	0	位于工程路线左侧拉木村内,县级文物保护单位,于2012年公布,唐朝古建筑

秀巴碉楼群

中流砥柱

太昭"万善同归"碑

太昭古城

续上表

 洛哇邦卡摩崖造像	 唐蕃古道
 山壁佛像	 日多寺庙
 旁麦村白塔	 松赞干布出生地
 尊木采寺	 拉木寺

地下水环境保护目标 表 6-2-3

名称	保护目标概况
松多温泉	位于工程 K4450+750 路线右侧尼洋河对岸山脚下，距拟建路 130m 左右
日多温泉	位于工程 K4501+000 路线右侧，日多乡背后墨竹玛曲右岸山体脚下，距拟建路 200m 左右
达孜县德庆镇新仑河水源地	达孜县德庆镇新仑河水源地位于新仑河（拉萨河支流）Ⅰ级支流河畔，2004 年 12 月建设，现处于使用状态，有两口取水井，井深均为 70m，均位于一封闭井房内。本项目穿越该水源地保护区的二级保护区和准保护区，穿越总长度约 200m。线位距其一级保护区约 33m，距其取水井约 63m

K4450+750 松多温泉

K4501+000 日多温泉

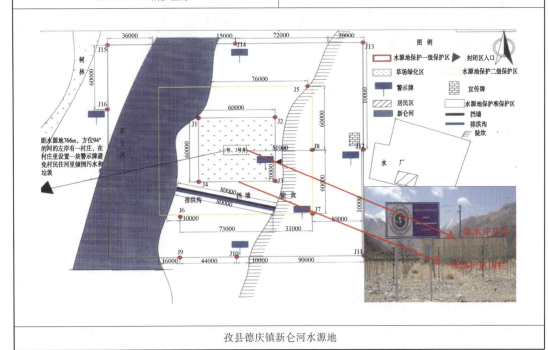

孜县德庆镇新仑河水源地

2.基于 Google Earth 展示

将公路现场调查拍摄的各个环境保护目标的照片导入 Google Earth 中，分水环境保护目标和社会环境保护目标两类。公路环境保护目标总体分布情况如图6-2-4所示。全线共有12个社会环境保护目标和1水源地保护区、2个温泉共3个水环境保护目标。自起点至终点来讲,社会环境保护目标多数位于公路左侧,而水环境保护目标均位于公路右侧。

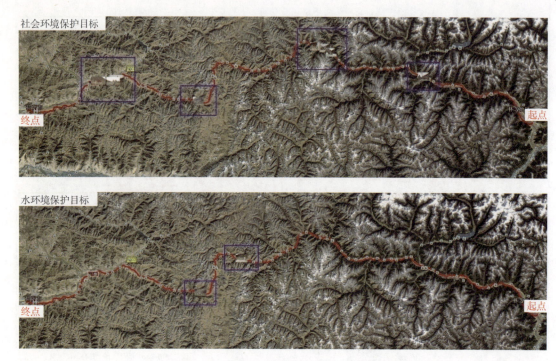

图6-2-4　公路沿线环境保护目标整体分布情况

(1)社会环境保护目标

公路沿线分布人口绝大多数为藏族,主要信仰藏传佛教。沿线分布有藏传佛教寺庙、转经筒、白塔、经幡、玛尼堆、山壁佛像等各种社会环境保护目标。自起点至终点方向,沿线依次分布社会环境保护目标的具体情况如图6-2-5所示。

(2)水环境保护目标

根据现场调查,公路沿线有松多温泉、日多温泉以及孜县德庆镇新仑河水源地三个水环境保护目标。松多温泉、日多温泉均位于公路右侧,而孜县德庆镇新仑河水源地取水井位于公路左侧。公路以路基形式穿越孜县德庆镇新仑河水源地的二级保护区和准保护区。公路沿线水环境保护目标的具体情况如图6-2-6所示。

从上述两种方法展示结果来看,基于Google Earth展示法明显要优于基于表格展示法。基于Google Earth进行现状调查结果展示,能够很好地将现状调查情况与公路路线走向结合起来进行公路沿线环境现状的展示,不仅能够让人结合公路沿线区域地形和现状调查照片来掌握公路沿线周边环境现状,而且可让人清楚地了解环境保护目标与公路的位置关系,从而对公路沿线区域环境现场情况有一个总体、全面的掌握。

秀巴碉楼群位于公路 K4293+600 处右侧 350m,是自治区级文物保护单位,于 2009 年 11 月第五批公布,唐末古建筑遗址

中流砥柱位于公路 K4362+500 处左侧 170m 尼洋河中,为旅游景点,无文物保护级别和保护要求

太昭"万善同归"碑位于公路 K4366+950 处左侧 100m 娘蒲河与尼洋河交汇处太昭村之间的河谷滩地上,为自治区级文物保护单位,于 2009 年 11 月第五批公布,清代石刻类遗迹

太昭古城位于公路 K4367+000 处左侧 154m 的太昭村内的小山包上,为旅游景点,是县级文物保护单位,于 2004 年 10 月 29 日公布,清代古遗址

洛哇邦卡摩崖造像位于公路 K4368+700 处右侧 60m 山体山脚下,为县级文物保护单位,于 2009 年 10 月 9 日公布,唐代石刻类遗迹

公路于 K4368+775 处穿越唐蕃古道,并涉及部分围栏、观景台的拆迁。唐蕃古道为近代建筑,是旅游景点,无文物保护级别与要求

图 6-2-5

山壁佛像位于公路 K4375+000 处右侧 60m 尼洋河对岸的山体山坡上，无文物保护级别与要求

日多寺庙位于公路 K4502+000 右侧 250m 山体山坡上，与工程间有日多乡民房相隔，无文物保护级别和要求

旁麦村白塔位于公路 K4561+800 处左侧 116m，临 G318，无保护级别及保护要求

松赞干布出生地位于公路 K4565+000 处左侧 140m，临 G318，是旅游景点

尊木采寺位于公路 K4567+100 处左侧 61m，临 G318，县级文物保护单位，于 2012 年公布，为明朝古建筑

拉木寺位于公路 K4575+200 处左侧 124m 拉木村内，为县级文物保护单位，于 2012 年公布，唐朝古建筑

图 6-2-5　公路沿线社会环境保护目标具体情况

松多温泉位于工程 K4450+750 路线右侧尼洋河左岸山脚之下，距本工程 130m 左右

日多温泉位于工程 K4501+000 处日多乡内，泉眼位置位于墨竹玛曲右岸山坡脚下，距本工程线位 200m。目前已建成温泉酒店，与本工程之间隔有 G318 和温泉酒店建筑区

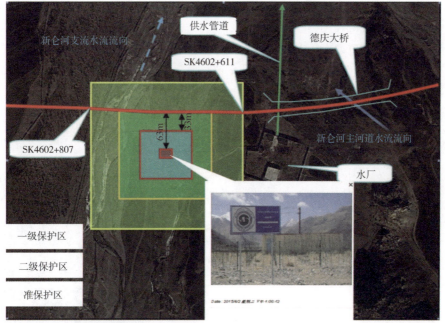

达孜县德庆镇新仑河水源地位于新仑河（拉萨河支流）Ⅰ级支流河畔，2004 年 12 月建设，现处于使用状态，有两口取水井，井深均为 70m，均位于一封闭井房内。本项目穿越该水源地保护区的二级保护区和准保护区，穿越总长度约 200m。线位距其一级保护区约 33m，距其取水井约 63m。达孜县新仑河水源地所在区域上部为第四系全新统冲洪积层，地表分布卵石、漂卵石、砾石、含泥质卵石等冲洪积物，四周为构造侵蚀剥蚀山地，主要接受地表水新仑河的渗透补给及陆域降水渗透补给

图 6-2-6　公路沿线水环境保护目标具体情况图

第二节　基于全景漫游展示系统的现场展示案例

随着一些展示新技术的不断出现与发展，一些比较传统的表现方式将会逐渐被取代。从上述案例不难看出，与最早的基于表格展示法相比，采用 Google Earth 对公路环境现状调

查情况进行展示已经具有较明显的优势。但近年来,随着三维全景技术的发展,将全景漫游展示系统应用于公路环评项目中却有更好的表达效果,且具有明显的创新性和实用性。无论是基于表格展示,还是基于 Google Earth 展示,都是借助静态的平面图片。静态图片只能提供场景的某一角度的图像,即使在拍摄的时候使用广角镜头,也很难做到全面有效地对场景进行充分表现。而基于全景漫游展示系统的表达方式则能够更加真实、全面、直观和生动地表现任一调查点的场景,能够给人一种身临其境的沉浸感。

以某项目为例讲述公路沿线环境现状调查结果的展示情况。公路左幅为新建幅,全长 73.578km;右幅为利用幅,全长 73.484km,总体由东南向西北走向。全线有 13 处环境空气和声环境保护目标,其中 1 处学校,12 处村庄;5 个社会环境保护目标,均为寺庙;八宝河及其支流黑沟滩、小东索沟和冰沟 4 个地表水环境保护目标,1 个地下水水源保护区。另外,公路所经区域属于大通河—黑河山地高寒灌丛、高寒草甸地区,其生态系统又分为草原生态系统、草甸生态系统、森林生态系统和农田生态系统。主要群系为长芒草—针茅草原群系、嵩草草原化草甸群系、沙棘林群系、杨林林群系、青海云杉群系、林金露梅灌丛草甸群系等,并穿越青海祁连山黑河大峡谷省级森林公园牛心山景区边缘。

(1)采用传统方式展示

水、社会等要素的环境保护目标在上述案例中已经进行展示,此处不再赘述。这里主要以声环境保护目标为例,采用传统的方式来表达公路沿线声环境敏感目标的分布情况,具体情况如表 6-2-4 所示。

公路沿线声环境敏感目标基本情况 表 6-2-4

序号	敏感点名称	桩号	距路中心线/红线距离(m)	敏感点基本情况	
1	峨堡镇	K0+000~K0+400	两侧 15/3	评价范围内共约 60 户,为一层平房和二层楼房,面向公路,无围墙,4a 类区 25 户,2 类区 35 户。G227 从村子穿过	
2	峨堡镇中心寄宿制民族小学	K0+250	路左 50/38	一栋 4 层教学楼侧向公路,一栋平房、一栋二层楼房侧向公路。学校共有教师 23 人,学生 109 人,学前班 35 人,教师均住宿,学生约有 50 人住宿	
3	阿桑部落民族风情园	K16+200	路左 106/101	评价范围内共 3 户,为一层瓦房,背向公路,有围墙,位于 2 类区	

续上表

序号	敏感点名称	桩号	距路中心线/红线距离(m)	敏感点基本情况
4	藏地密码露营地	K20+800	路左 70/65	评价范围内共 8 户,一层平房,部分有围墙,侧向公路,位于 2 类区
5	黄草沟村	K24+700	路右 35/30	评价范围内共 3 户,为一层瓦房,面向公路,有围墙,4a 类区有 1 户,2 类区有 2 户
5	黄草沟村	K25+800	路右 55/50 路左 35/30	评价范围内共 9 户,路左为一层瓦房,面向公路,有围墙,路右为一层瓦房,背向公路,有围墙,4a 类区有 3 户,2 类区有 6 户
6	外江寺	K32+400	路右 130/125	评价范围内共 15 户一层瓦房,面向公路,有围墙,位于 2 类区
7	白石崖村	K36+900	路右 23/18	路左拆迁 5 户,评价范围内共 5 户,为一层瓦房,面向公路,有围墙,4a 类区有 5 户
7	白石崖村	K39+200	路右 23/18 路左 120/115	路左拆迁 1 户,评价范围内共 12 户,为一层瓦房,面向公路,有围墙,4a 类区有 5 户,2 类区有 6 户

续上表

序号	敏感点名称	桩号	距路中心线/红线距离(m)	敏感点基本情况	
8	阿柔乡	K47+700	路左 140/135	评价范围内共6户,路左为一层瓦房,背向公路,有围墙,位于2类区	
9	草达坂村	K50+000~K50+350	路左 35/30 路右 35/30	评价范围内共19户,一层瓦房,有围墙,路左背向公路,路右面向公路。4a类区共7户,2类区共16户	
10	东村	K68+100~K70+400	两侧 20/5	拆迁61户,评价范围内共约297户,侧向公路,有围墙,4a类区有52户,2类区有245户	
11	西村	K70+600~K72+000	两侧 20/5	拆迁28户,评价范围内共约327户,侧向公路,有围墙,4a类区有62户,2类区有265户	
12	下庄村	K72+000~K73+400	两侧 20/5	拆迁38户,评价范围内共约190户,侧向公路,有围墙,4a类区有59户,2类区有131户	
13	东措台村	K73+480~K73+578	两侧 20/5	拆迁5户,评价范围内共约16户,侧向拟建公路,面向现状S204,有围墙,4a类区有16户	

(2)采用全景漫游展示系统展示

在公路环评中采用全景漫游展示系统不仅有较好的表达效果,而且展示过程简单易操作。只需在展示界面上点击相应的按钮或热点即可在场景和地图之间进行切换。如打开制作好的项目全景漫游展示系统文件,则在屏幕上会显示项目调查点的场景,并同时会在屏幕的左上角显示提前做好的含有项目路线的地图(图6-2-7展示系统界面);点击任一无人机调查点位图标即可查看该点的实际场景,此时地图框消失,场景界面左上角会出现一个图标,同时用鼠标点击场景界面可以任意转动查看任一方向的场景(图6-2-7场景展示界面图);点击左上角图标又会即刻出现地图框,回到展示系统界面。

图6-2-7　全景漫游展示系统界面

全景通常分为地面全景和空中全景,无论是地面全景还是空中全景,均能够通过软件处理之后得到360°实景,给人以三维立体的空间感觉,使观者犹如身在其中。但对于在公路环评中应用,空中全景较地面全景有一更大优势,即空中全景能够自空中向下拍摄到调查点处的整体格局,清楚地展示出调查点周围环境保护目标的数量、位置以及与公路之间的关系等基本情况,更有利于观者掌握公路周边的环境现状,而这一点地面全景是无法实现的。这里以空中全景为例,讲述全景漫游展示系统在公路环评现状调查展示中的应用。

某公路项目总体走向由东南向西北,路线左幅(新建幅)全长73.578km,路线右幅(利用幅)全长73.484km。沿线有声和大气环境、水环境、社会环境以及生态环境等各种环境保护目标。根据现场实际调查情况,项目所在区域主要为山地及山间谷地,沿线居民区较少,且植被相对单一。全线共13个声和大气环境保护目标(其中有1所学校)、1个地下饮用水水源地、1个古城旧址。根据沿线村庄大小、项目需求等,全线共选择了6个调查点进行空中全景拍摄,其分布情况见图6-2-8。

图6-2-8 项目沿线全景调查点分布图

①调查点一:峨堡镇现状展示。

峨堡镇位于路线起点位置,分布在公路两侧,此处公路工程主要是对既有公路进行改扩建。从空中全景展示结果来看(图6-2-9),该段公路周边植被主要为大面积的以针茅、小嵩草为优势的草甸化草原;此处村镇较为稀疏,除峨堡镇外无其他居民区,评价范围内共约60户居民,居民建筑主要为一层平房和二层楼房,均面向公路,无围墙;峨堡镇内紧邻公路左侧有一所小学,内有一栋4层教学楼侧向公路,一栋平房、一栋二层楼房侧向公路。另外,公路起点北侧有一处峨堡古城旧址,为古遗址,但由于此路段完全利用现有公路,无施工行为,对其影响较小。

②调查点二:阿柔乡现状展示。

阿柔乡位于公路左侧,距路中心线140m。此段公路为新建段,所经区域为八宝河宽谷区域,地势相对平坦,阿柔乡位于河流与公路之间,周边植被为草甸化草原,主要用于放牧,从全景展示图(图6-2-10)中能够看到放牧羊群;此处村镇较为稀疏,除阿柔乡外无其他居民区,评价范围内共 6 户,路左为一层瓦房,背向公路,有围墙,位于 2 类区。

图 6-2-9 峨堡镇现状空中全景展示图

图 6-2-10 阿柔乡现状空中全景展示图

③调查点三:八宝镇水源地现状展示。

八宝镇水源地位于八宝河宽谷区域,为傍河型地下水源地,共有两口取水井,井深 15m,日供水量为 1000m³。从全景展示图(图 6-2-11)中可以清楚地看出,水源地主要傍八宝河,边界以既有公路右侧公路界为界(路左右指峨堡至祁连方向两侧方位),取水井位于八宝河和公路之间。水源地范围内主要以嵩草、鬼箭锦鸡儿等为优势的高寒灌丛,周边阳坡主要是以针茅、小嵩草为优势的草甸,阴坡为青海云杉林。此处工程主要利用既有公路,沿既有左侧改扩建,不占用水源地保护范围。但公路紧邻水源地保护区,故应采取在公路两侧加装防撞护栏、设置应急池等措施,以防止因发生环境风险事故而对水源保护区造成不利影响。

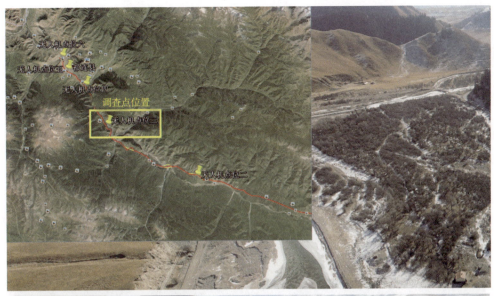

图 6-2-11　八宝镇水源地现状空中全景展示图

④调查点四:东村现状展示。

从全景展示图(图 6-2-12)中可清晰地掌握东村的整体分布情况,东村位于宽谷区域,居民基本呈条形分布于公路两侧,公路两侧居民较多,且距离公路相对较近。该路段主要沿既有公路进行改扩建,经现场调查,评价范围内共约 297 户,需拆迁 61 户。既有公路路边种植树木为小叶杨,周边植被主要为以矮嵩草、鬼箭锦鸡儿、金露梅等为优势的高寒灌丛草甸和以青海云杉、沙棘、杨树等为优势的林地。

⑤调查点五:西村现状展示。

西村附近为新建路段,根据设计路线与西村的位置关系,居民基本呈条形分布于公路两侧,但大多数位于公路右侧。此处居民较多,其中位于评价范围内的居民约 327 户。另外,公路建设需占压少数居民住房,即需拆迁 28 户。公路左侧主要为广阔的草甸化草原,其为此段公路沿线的主要植被类型。草原呈阶梯状,主要用于放牧,从全景展示图(图 6-2-13)中能够看到牧群的存在。

图 6-2-12　东村现状空中全景展示图

⑥调查点六:下庄村—东措台村现状展示。

从空中全景展示图(图 6-2-14)总览公路终点处的环境保护目标分布格局,东措台村与下庄村紧密相邻,公路经下庄村后终止于东措台村。此处居民密集,评价范围内共约 206 户,其中下庄村 190 户,东措台村 16 户。该路段为新建路段,居民分布于公路两侧,公路建设需拆迁 43 户,其中下庄村 38 户,东措台村 5 户。公路终点位于山地区域,周边植被分布主要为高寒灌丛草甸及青海云杉林。

图 6-2-13 东村现状空中全景展示图

从上述基于不同方法展示的案例效果来看,与最早的、较为传统的表格展示法相比,采用 Google Earth 和全景漫游系统对公路环境现状调查情况进行展示具有较明显的优势,特别是将全景漫游展示系统应用于公路环评项目中有更清晰、更直接、更生动的表达效果,能够达到一种让人感觉身临其境的效果。另外,基于空中全景漫游展示更大的优势是可以实现全方位展示,能够将调查区域的整体格局淋漓尽致地展示出来,让人总体地把握公路周边各环境保护目标的基本情况,这是任何基于地面拍照展示的方式所无法实现的。

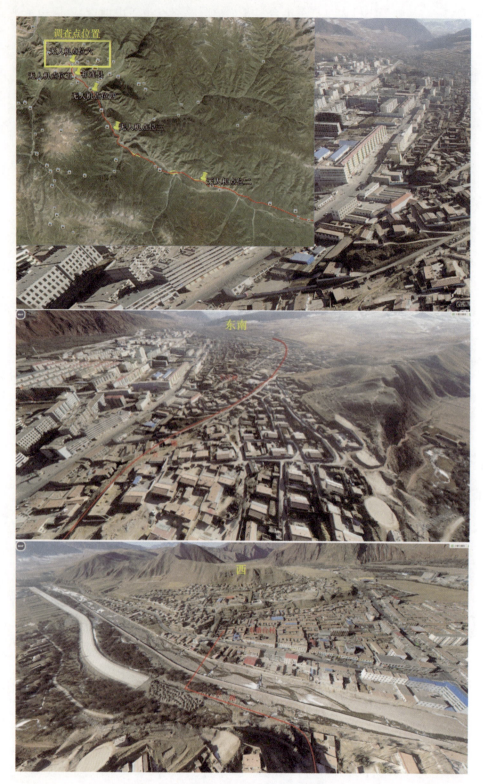

图 6-2-14 下庄村—东措台现状空中全景展示图

本篇参考文献

[1] KarthikSankaranarayanan, James W. Davis. A Fast Linear Registration Framework for Multi-Camera GIS Coordination [C]. Advanced Video and Signal Based Surveillance, 2008: 245-251.
[2] 李德仁, 沈欣. 论基于实景影像的城市空间信息服务——以影像城市·武汉为例[J]. 武汉大学学报(信息科学版), 2009, 34(2): 127-130.
[3] 郭长青, 曹芳. 三维全景技术在旅游景区介绍中的应用[J]. 地理空间信息, 2009, 7(1): 46-48.
[4] 郑绛宇. 用路途全景图增强地理信息系统的可视性[J]. 遥感学报, 2006, 10(3): 397-408.
[5] 崔亚峰. 三维全景视觉消防综合信息管理平台的研究与开发[D]. 上海: 华东师范大学, 2010.
[6] 王玉琼. 三维全景漫游技术及应用研究[D]. 云南财经大学, 计算机应用技术专业, 2013.
[7] www.google.cn/map.